Liber 07

explosivo
cócteles

© Murdoch Books Pty Ltd 2002
© Editorial Everest S. A. para la edición española
Carretera León - La Coruña, km 5 - LEÓN
ISBN: 978-84-241-8391-2
Depósito Legal: LE: 1729-2007
Printed in Spain - Impreso en España

EDITORIAL EVERGRÁFICAS, S. L.
Carretera León - La Coruña, km 5 LEÓN (ESPAÑA)

www.everest.es
Atención al cliente: 902 123 400

ABREVIATURAS:
cm = centímetros
cs = cucharada sopera
ct = cucharadita de té
dl = decilitros
fl oz = onzas fluidas
g = gramos
h. = horas
kg = kilogramos
l = litros
lb = libras
min. = minutos
ml = mililitros
mm = milímetros
°C = grados centígrados
°F = grados Fahrenheit
oz = onzas
pulg. = pulgadas
seg. = segundos

Design Concept: Marylouise Brammer
Designer: Susanne Geppert
Editorial Director: Diana Hill
Editor: Zoë Harpham
Food Director: Lulu Grimes
Cocktails developed by *the Murdoch Books Test Kitchen*

Chief Executive: Juliet Rogers
Publisher: Kay Scarlett
Production Manager: Kylie Kirkwood

Título original: *Chilled. Cool cocktails*
Traducción: Mª Luisa Rodríguez Pérez

IMPORTANTE: Aquellas personas que puedan sufrir riesgo de intoxicación por salmonelosis (personas mayores, mujeres embarazadas, niños y personas con enfermedades del sistema inmunitario) deberían consultar con su médico de cabecera sobre las posibles consecuencias del consumo de huevos crudos.

explosivo

cócteles

SP 641.87 EXP
Explosivo cocteles
31994013691198

contenidos

en el bar

Durante casi un siglo los cócteles han sido el símbolo no tanto de una época, sino de un estilo. Se han entendido como una manera refinada de relajarse y disfrutar con los amigos. El objetivo de *Explosivo* no sólo es aunar los cócteles clásicos, sino también extraer de los nuevos aspirantes aquéllos que seguramente se conviertan en clásicos modernos. El resultado es un libro de cócteles para cualquier ocasión.

historia

Los cócteles se hicieron populares en la década de 1920 cuando la Ley Seca de los Estados Unidos ilegalizó la producción de alcohol. Esto hizo que la producción pasara a la clandestinidad y comenzaran a producirse licores de garrafón infames e ilegales. Para disimular el sabor y el aspecto de los licores de garrafón, se les añadía una gran variedad de ingredientes. Desde entonces, la calidad del alcohol ha mejorado, pero los acompañamientos aromáticos han permanecido: muchos de los cócteles clásicos proceden directamente de los días de la Ley Seca.

utensilios

Los cócteles son fáciles de preparar, pero disponer de los utensilios adecuados te dará la confianza para obtener la bebida perfecta para una fiesta. El utensilio fundamental del equipo es una coctelera. La coctelera estándar, generalmente de acero inoxidable, incorpora un filtro. Otro tipo de coctelera, la llamada boston o americana, funciona igual de bien, pero requiere la utilización de un filtro. Otro instrumento de gran utilidad es un medidor con capacidades para 30 ml (1 oz) o 45 ml (1½ oz) para facilitar las mediciones. Hace tiempo estos dos utensilios hubieran sido lo único que ibas a necesitar, pero hoy en día es cada vez mayor la tendencia a utilizar batidoras de vaso, también llamadas *blenders*. Este tipo de batidoras son especialmente útiles para picar hielo y preparar algunos de los cócteles granizados, pero en la mayoría de los casos se puede preparar el cóctel agitándolo con hielo picado. Hay una gran variedad de accesorios para cócteles para decorar tu bar: tabla de corte, cuchillo, exprimidor, filtro, cubitera para el hielo, cuchara o pala para el helado, pinzas para el hielo, sacacorchos, filtro de metal, jarra mezcladora, agitadores y pajitas de colores.

vasos

Siempre que sea posible, utiliza vasos adecuados para el estilo de la bebida que vayas a servir. La mayoría de cócteles se mezclan con un vaso determinado en mente, que en muchos casos viene dictado por la tradición. Por ejemplo, los martinis siempre se sirven en una copa de martini, existente en tamaños estándar (100 ml -3½ oz-) y grande (150 ml -5 oz-). Aunque existe un gran debate por reservar el vaso del martini para el martini, muchas personas lo utilizan también para servir cócteles en general. La copa flauta se emplea para cócteles que contengan champán y algunos cócteles de vino. Los vasos old fashioned o tumblers (vasos altos) tienen una capacidad de entre 185 ml y 250 ml (6-9 oz) y se utilizan para bebidas cortas mezcladas y bebidas *on the rocks*. El highball es un vaso alto y fino empleado para bebidas largas, que pueden agitarse, removerse o prepararse en el mismo vaso. Tiene una capacidad de 290 ml (10 oz). El vaso collins es parecido al highball, pero tradicionalmente se usaba sólo para collins. Los vasos de chupito se utilizan para bebidas de un solo trago y por capas, y tienen 30 ml (1 oz) o 45 ml (1½ oz) de capacidad. Para una gran variedad de bebidas mezcladas o batidas, como los daiquiris y piñas coladas, se utiliza una copa de cóctel con forma de tulipán de 400 ml (14 oz) de capacidad. Además, hay copas de vino, goblets, copa balón o de coñac y otros vasos y copas especiales, como la copa de aperitivo, la de jerez y la de champán corta, también llamada copa Asti.

almíbar
Algunos cócteles pueden requerir almíbar: aporta el dulzor del azúcar y elimina la necesidad de disolver los cristales. Para preparar almíbar, mezclar en una cazuela cantidades iguales de azúcar blanco y agua. Remover hasta disolver el azúcar y llevar a ebullición. Apartar del fuego, dejar enfriar y conservar en una botella hermética en el frigorífico hasta un máximo de tres meses.

hielo
Casi todos los cócteles se preparan o sirven con hielo. Los cubitos de hielo son ideales para servir o utilizar en la coctelera; sin embargo, el hielo picado es más adecuado para las bebidas batidas. Para hacer hielo picado, envolver los cubitos en un paño limpio y golpearlos con un martillo o machacarlo directamente

en una batidora de vaso. Después, puede conservarse en el congelador hasta que se necesite. Conviene tener bastante hecho ya que la mayoría de las bebidas requerirán llenar hasta la mitad el vaso o la coctelera.

botellas

Para el bar doméstico, los licores más importantes son: ginebra, vodka, brandy, whisky, ron, tequila y vermut. Igualmente importantes son los componentes no alcohólicos: cola, agua mineral (con y sin gas), sifón, tónica, ginger ale, limonada, refresco de zumo de lima y nata. Los zumos también son importantes: limón, lima, pomelo, arándanos amargos, tomate, piña, mango y pomelo. Utilízalos recién exprimidos siempre que sea posible.

Hay una gran variedad de licores: licores de frutas, cremas, almíbares, licores en emulsión y licores de whisky. Una vez iniciado, adquiere uno o dos cada vez (en la botella más pequeña posible) hasta que averigües los que más te gustan.

decoración

Muchos de los cócteles clásicos se identifican tanto por la decoración como por sus ingredientes (el Gibson, por ejemplo). Necesitarás al menos los tradicionales para empezar: guindas al marrasquino, aceitunas, rodajas de limón o trocitos de cáscara y menta. Algunos cócteles, como las margaritas, requieren untar de sal el borde de la copa o vaso. Para hacerlo, humedecer el borde del vaso con una rodaja de limón o lima y luego untarlo en un platito con sal. Presionar ligeramente y girar para que se forme una costra.

Basada en el clásico sour de whisky, esta versión posee un intrigante sabor a almendra.

amaretto sour

cubitos de hielo
30 ml (1 oz) de amaretto
30 ml (1 oz) de zumo de limón
30 ml (1 oz) de zumo de naranja
una guinda al marrasquino

Llenar media coctelera con hielo. Verter el amaretto, el zumo de limón y el zumo de naranja, y agitar bien. Filtrar en una copa doble de cóctel. Decorar con una guinda.

El americano es el *otro* cóctel favorito de James Bond.

americano

cubitos de hielo	Poner el hielo en un vaso highball. Verter por
30 ml (1 oz) de Campari	encima el Campari y el vermut, y completar
30 ml (1 oz) de vermut dulce	un poco de soda. Decorar con rodajas de
soda	naranja y limón, y servir con un agitador.
una rodaja de naranja	
una rodaja de limón	
Consejo del barman	La soda, o seltz, es opcional en este caso.
	Mucha gente prefiere el americano sin ella.

Si Eva eligiera un cóctel, sería éste.

cóctel de champán con manzana y Calvados

15 ml (1/2 oz) de Calvados
30 ml (1 oz) de zumo de manzana cristalino
champán refrigerado

Verter el Calvados y el zumo de manzana en una copa de champán helada y luego añadir el champán.

Consejo del barman

Ésta es una de esas raras ocasiones en que lo fresco no es lo mejor. El zumo de manzana recién exprimido enturbiaría esta bebida; para mantenerla espumosa, emplear la versión embotellada.

El Calvados es un brandy de manzana elaborado a partir de sidra en Normandía.

Que no te engañe la inocencia de su nombre: esta bebida es cualquier cosa menos inocente.

apple blossom

45 ml (1½ oz) de licor de manzana
30 ml (1 oz) de vodka
15 ml (½ oz) de crema de cacao blanca
45 ml (1½ oz) de nata
nuez moscada recién rallada

Llenar media coctelera con hielo. Echar el licor de manzana y el vodka, añadir la crema de cacao y la nata, y luego agitar. Verter a través del filtro en una copa de cóctel helada y espolvorear con un poquito de nuez moscada rallada.

aperitivos

Un aperitivo es una bebida que se toma antes de comer para estimular el apetito. Es todo un ritual español, francés e italiano: una excusa para sentarse con los amigos en un bar a beber y degustar pequeños bocados. La bebida puede ser tan simple como una copa de champán o Campari y soda, o tan elegante como un martini.

Si éste no fuera el cóctel favorito de Noel Coward, debería serlo.

b & b

30 ml (1 oz) de coñac
30 ml (1 oz) de Bénédictine

Verter el coñac y el Bénédictine en una copa de coñac o un vaso de licor caliente.

Consejo del barman

Para obtener un aroma embriagador, templar la copa de coñac antes de servir.

Inspirado en el bombardero B-52 e igualmente efectivo.

b-52

15 ml (1/2 oz) de Kahlúa
15 ml (1/2 oz) de crema irlandesa
15 ml (1/2 oz) de Cointreau

Verter el Kahlúa en una copa de cóctel, después verter la crema irlandesa delicadamente sobre el dorso de una cucharita para formar otra capa. Limpiar la cuchara y hacer lo mismo con el Cointreau para formar tres capas diferentes.

Consejo del barman

Este cóctel se puede servir en trago corto o largo. Puede hacerse en una copa de trago corto o bien duplicar las cantidades de cada licor y servirlo en capas en una copa de coñac. Beber lentamente, degustando cada capa por separado.

El único cóctel que llegó al Tribunal Supremo de los Estados Unidos… para evitar que se hiciera con cualquier otro tipo de ron.

bacardi cocktail

cubitos de hielo
60 ml (2 oz) de Bacardi blanco
30 ml (1 oz) de zumo de lima o limón
10 ml (1/4 oz) de granadina
una guinda al marrasquino

Llenar media coctelera con hielo. Echar el Bacardi, el zumo de lima o de limón y la granadina, y agitar. Verter a través del filtro en una copa de cóctel helada. Decorar con una guinda.

Consejo del barman

Para conseguir más zumo de la lima, hacerla rodar entre las manos antes de abrirla y exprimirla.

Tres tipos de ron y un golpe de piña tropical: perfecto para una cálida noche en las Bahamas.

bahama mama

cubitos de hielo
15 ml (1/2 oz) de Malibú
15 ml (1/2 oz) de ron tostado
15 ml (1/2 oz) de Kahlúa
15 ml (1/2 oz) de ron blanco
hielo picado
zumo de piña
una rodaja fina de piña
una ramita de menta

Llenar media coctelera con hielo. Echar el Malibú, el ron tostado, el Kahlúa y el ron blanco. Agitar bien, verter a través del filtro en un vaso de whisky lleno hasta la mitad con hielo picado. Añadir un golpe de zumo de piña. Decorar con una rodaja fina de piña y una ramita de menta.

Cuando amanece, no quieres volver a casa.

banana bender

1 taza de hielo picado
30 ml (1 oz) de Cointreau
30 ml (1 oz) de licor de plátano
60 ml (2 oz) de nata
medio plátano, pelado y cortado en rodajas
una guinda al marrasquino

Poner el hielo, el Cointreau, el licor de plátano, la nata y el plátano en una batidora de vaso, y batir bien. Verter en una copa de champán y decorar con una cereza.

Consejo del barman

Otra versión del Banana bender utiliza la mitad de la nata y completa la diferencia con zumo de piña.

Lleva plátano, así que debe ser sano, ¿no?

banana daiquiri

medio plátano pelado
30 ml (1 oz) de ron blanco
30 ml (1 oz) de licor de plátano
30 ml (1 oz) de zumo de lima
15 ml (1/2 oz) de almíbar
1 taza de hielo picado
1 rodaja de plátano

Poner el plátano, el ron blanco, el licor de banana, el zumo de lima y el sirope de azúcar en una batidora de vaso. Batir hasta que quede suave, añadir el hielo y volver a batir hasta que la mezcla adquiera la consistencia de hielo cristalino. Servir en una copa de cóctel helada. Decorar con una rodaja de plátano, impregnada en zumo de limón para evitar que se oxide.

Inspirada en el pintor Giovanni Bellini e inventada en el Harry's Bar de Venecia, esta bebida es todo un clásico.

bellini

30 ml (1 oz) de néctar de melocotón fresco
30 ml (1 oz) de almíbar
prosecco o champán helado

Servir el néctar de melocotón y el almíbar en una copa de champán helada. Rellenar cuidadosamente con prosecco.

Consejo del barman

El prosecco es el vino espumoso italiano original del cóctel Bellini. Actualmente el champán es más común.

El berry daiquiri atrapa la esencia del verano en un vaso.

berry daiquiri

30 ml (1 oz) de ron blanco
15 ml (1/2 oz) de Cointreau
15 ml (1/2 oz) de licor de frambuesa
3 fresas
4 frambuesas
4 moras negras
1 taza de hielo picado
frutas del bosque variadas

Poner el ron, el Cointreau y el licor de frambuesa en una batidora, añadir las frutas del bosque. Batir hasta que quede suave, añadir el hielo y batir de nuevo hasta que la mezcla adquiera la consistencia del hielo cristalino. Servir la mezcla en una copa de cóctel helada y decorar con frutas del bosque frescas o congeladas ensartadas en un agitador.

Consejo del barman

Si no es la temporada de las frutas del bosque, utilizarlas congeladas.

Ponte algo cómodo y déjate llevar…

between the sheets

cubitos de hielo
30 ml (1 oz) de ron blanco
30 ml (1 oz) de brandy
30 ml (1oz) de Cointreau
1 pizca de zumo de limón
cáscara de limón

Llenar media coctelera con hielo. Echar el ron, el brandy, el Cointreau y el zumo de limón y agitar bien. Verter a través del filtro en una copa de cóctel helada y decorar con cáscara de limón.

Sal del frío y entra en calor con un Black Russian.

black russian

cubitos de hielo	Poner el hielo en un vaso old-fashioned,
45 ml (1 1/2 oz) de vodka	añadir el vodka y el Kahlúa, y remover.
15 ml (1/2 oz) de Kahlúa	

Guinness disfrazada con champán: obligatorio el día de San Patricio.

black velvet

guinness helada	Llenar hasta la mitad con Guinness una
champán helado	copa de champán aflautada, rellenar
	delicadamente con champán. No remover.

Perfecto para una noche de verano a la luz de las estrellas.

blackberry spritzer

cubitos de hielo
30 ml (1 oz) de Grand Marnier
15 ml (1/2 oz) de crème de cassis
10 ml (1/4 oz) de zumo de limón
6 moras negras
soda

Llenar con hielo hasta la mitad un vaso highball, verter el Grand Marnier, la crème de cassis y el zumo de limón. Añadir las moras y rellenar con soda.

cócteles batidos

Una bebida batida es simplemente hielo, condimento y alcohol mezclados con una batidora. Entre los más famosos (y deliciosos) ejemplos se encuentran los daiquiris helados de frutas.

No malgastes tu dinero en un modelo de batidora corriente, porque no funcionará correctamente con el hielo. Cómprate uno profesional, no te arrepentirás.

Para obtener resultados más suaves, utiliza hielo prepicado.

Cuando te levantes a mediodía, necesitarás un empujoncito.

bloody mary

3 cubitos de hielo
45 ml (1¹/2 oz) de vodka
4 gotas de Tabasco
1 ct de salsa Worcestershire
10 ml (¹/4 oz) de zumo de limón
1 pizca de sal
pimienta negra molida
60 ml (2 oz) de zumo de tomate helado
1 tallo de apio fresco

Poner los cubitos de hielo en un vaso highball, verter el vodka, añadir el Tabasco, la salsa Worcestershire y el zumo de limón. Añadir la sal y la pimienta, el zumo de tomate y remover bien. Dejar asentar durante 1 min. y decorar con un tallo de apio fresco. Enseguida te sentirás tan fresco.

Un clásico desde la era de los 20, el Brandy Alexander es perfecto para después de la cena.

brandy alexander

cubitos de hielo	Llenar la coctelera hasta la mitad con hielo.
30 ml (1 oz) de brandy	Echar el brandy, la crema de cacao y la nata
30 ml (1 oz) de crema de cacao oscura	y agitar bien. Verter a través del filtro en
30 ml (1 oz) de nata	una copa de cóctel helada y espolvorear con
nuez moscada recién rallada	nuez moscada recién rallada sobre dos pajitas
	cruzadas.
Consejo del barman	A algunas personas les gusta utilizar el
	doble de nata en este cóctel. Si es tu caso,
	necesitarás una copa ligeramente más grande.

Un auténtico clásico…, no lo tomes sólo en Navidad.

brandy eggnog

cubitos de hielo
30 ml (1 oz) de brandy
1 ct de sirope de azúcar
1 yema de huevo
leche
nuez moscada recién rallada

Llenar media coctelera con hielo. Echar el brandy, el sirope de azúcar y la yema de huevo, y agitar bien. Verter a través del filtro en un vaso highball lleno de hielo y completar con leche. Espolvorear con un poco de nuez moscada recién rallada.

Una bebida de verano: larga, fría y refrescante.

brandy, lima y soda

cubitos de hielo
30 ml (1 oz) de brandy
15 ml (¹/₂ oz) de zumo de lima
soda
un poco de cordial de lima
un trocito de lima

Llenar un vaso highball hasta la mitad con hielo. Echar el brandy y el zumo de lima. Completar con soda y añadir el cordial de lima. Decorar con un trocito de lima.

Consejo del barman

Para mantener la soda burbujeante y clara, el cordial se añade al final. Es más pesado que la soda, así que se beberá lentamente, sin remover.

brandy

El brandy es una bebida alcohólica destilada del vino. La diferencia principal entre el brandy y otros licores es que el brandy se destila a partir de fruta en lugar de cereal (whisky) o caña de azúcar o melaza (ron).

Si la fruta de la que se destila no es uva, el brandy toma el nombre de dicha fruta; un ejemplo es el brandy de cerezas. Coñac y armañac son dos tipos de brandy de alta calidad que a veces se utilizan en los cócteles.

Que no te confunda el nombre amargo de esta bebida: "ácido" sería más adecuado.

brandy sour

cubitos de hielo
30 ml (1 oz) de brandy
30 ml (1 oz) de zumo de limón
15 ml (1/2 oz) de sirope de azúcar
una guinda al marrasquino

Llenar media coctelera con hielo. Echar el brandy, el zumo de limón y el sirope de azúcar, luego verter a través del filtro en un vaso sour helado. Decorar con una guinda.

Un trago doble de esta bebida hará valiente a la persona más mansa.

brave bull

cubitos de hielo	Llenar hasta la mitad con hielo un vaso
30 ml (1 oz) de Kahlúa	*old fashioned*. Echar el Kahlúa y luego añadir
45 ml (1¹/₂ oz) de tequila	el tequila. Remover delicadamente antes de
	tomar.
Consejo del barman	Puede que prefieras la versión más cremosa
	de esta bebida. Sírvela en un vaso de jerez
	y rellénalo con una generosa capa de nata
	montada.

Una bebida que toma su nombre del zoo del Bronx no puede ser más que "bestial".

bronx

cubitos de hielo	Llenar media coctelera con hielo. Echar la
30 ml (1 oz) de ginebra	ginebra, el vermut rojo, el vermut seco y el
15 ml (1/2 oz) de vermut rojo	zumo de naranja. Agitar bien y verter a través
15 ml (1/2 oz) de vermut seco	del filtro en una copa de cóctel. Decorar con
15 ml (1/2 oz) de zumo de naranja	una fresa.
1 fresa	

Suave y cremoso, el toque de canela le da la cantidad justa de sabor.

brown cow

cubitos de hielo	Llenar la coctelera con hielo hasta la mitad.
30 ml (1 oz) de Tía María	Verter el Tía María y la leche y agitar bien.
60 ml (2 oz) de leche	Verter a través del filtro en una copa de
canela molida	cóctel. Espolvorear con canela molida.

Desayuno en el balcón, ¿te apuntas?

buck's fizz

125 ml (4 oz) de zumo de naranja
un golpe de granadina
champán helado
cáscara de limón

Verter el zumo de naranja y la granadina en una copa de champán aflautada. Completar delicadamente con champán. Decorar con cáscara de limón.

Consejo del barman

Esta bebida también se conoce como Mimosa.

¡Definitivamente, no es para pusilánimes!

bullshot

cubitos de hielo
30 ml (1 oz) de vodka
30 ml (1 oz) de caldo de carne congelado
10 ml (1/4 oz) de zumo de limón
una pizca de salsa Worcestershire
una pizca de sal
pimienta molida
una rodaja de limón

Llenar medio vaso highball con hielo, echar el vodka, el caldo, el zumo de limón y la salsa Worcestershire. Añadir la sal y la pimienta, y remover bien. Decorar con una rodaja de limón.

cócteles *in situ*

La manera más sencilla de hacer un cóctel es en el propio vaso.

No se necesita un equipamiento especial. Simplemente vierte los ingredientes sobre el hielo en el vaso apropiado.

Hecho con la ardiente bebida nacional de Brasil y mezclado con lima, éste es el cóctel de una nueva generación.

caipirinha

4 gajos de lima
2 terrones de azúcar
60 ml (2 oz) de cachaza
hielo picado
una ramita de menta

Poner los gajos de lima y el azúcar en un vaso old fashioned y presionar fuertemente con una cuchara de madera o un mezclador hasta que los gajos de lima se rompan. Verter la cachaza y remover. Rellenar con hielo picado y remover de nuevo. Decorar con una ramita de menta.

Consejo del barman

Hay una bebida similar que utiliza 45 ml (1½ oz) de ron blanco en lugar de cachaza. Se llama Caipirissima.

El vodka se hace brasileño en esta variante de la caipirinha.

caipiroska

4 gajos de lima
10 ml de almíbar
cubitos de hielo
45 ml (1½ oz) de vodka
una ramita de menta

Poner los gajos de lima en una coctelera con el almíbar y aplastarlos con una cuchara de madera o un agitador hasta que la lima se rompa. Añadir cubitos de hielo hasta llenar un tercio de la coctelera y verter el vodka. Agitar bien y verter a través del filtro en un vaso old fashioned lleno con hielo hasta la mitad. Decorar con una ramita de menta.

Consejo del barman

Para un sabor a menta más intenso, añadir ocho hojas de menta y machacarlas junto con la lima y el almíbar.

cachaza

La cachaza es la bebida alcohólica nacional de Brasil. También se conoce como caxaca, casa o chacha. A diferencia del ron, que se destila a partir de la melaza, la cachaza se destila directamente del zumo de la caña de azúcar. Técnicamente un brandy, también es un primo cercano de la grappa italiana. Tiene un inimitable sabor a azúcar quemado más cercano al ron que al brandy.

Largo, rojo cereza y muy sofisticado.

campari crush

hielo picado
30 ml (1 oz) de ginebra
15 ml (1/2 oz) de Campari
zumo de pomelo rojo
un gajo de lima

Llenar un vaso highball con hielo picado. Verter la ginebra y el Campari, y completar con zumo de pomelo. Exprimir un gajo de lima en la bebida y añadir el gajo exprimido al vaso.

Haz tu propia puesta de sol con un Campari orange

campari orange

cubitos de hielo
45 ml (1¹/₂ oz) de Campari
zumo de naranja
una rodaja de naranja

Llenar con hielo hasta la mitad un vaso old fashioned. Echar el Campari, y completar con zumo de naranja. Remover bien. Decorar con una rodaja de naranja.

campari

El Campari es un licor italiano muy amargo hecho de quinina y de hierbas, y es uno de los aperitivos clásicos. Fácilmente reconocible por su color rojo vivo, tiene un sabor al que te debes acostumbrar. Los italianos dicen que debes probarlo tres veces para que te guste. Durante la Ley Seca, el Campari estaba clasificado como un producto medicinal legal, así que los americanos que visitaban Italia lo traían en su equipaje sin necesidad de declararlo.

Un lingotazo de energía dulce: ideal para après-ski.

caramel bud

cubitos de hielo
30 ml (1 oz) de licor de caramelo
15 ml (1/2 oz) de licor de chocolate
15 ml (1/2 oz) de crema de cacao blanca
30 ml (1 oz) de nata
chocolate rallado

Llenar media coctelera con hielo. Echar el licor de caramelo, el licor de chocolate, la crema de cacao y la nata. Agitar y verter a través del filtro en una copa de cóctel helada. Decorar con chocolate rallado.

Una versión adulta del postre favorito de tu niñez.

chupito de gelatina de champán y litchi

1 hoja de gelatina	Remojar la gelatina en agua fría. Calentar el
30 ml (1 oz) de almíbar	almíbar y el champán hasta que se temple.
125 ml (4 oz) de champán	Exprimir el líquido de la gelatina, añadir a
3 litchis	la mezcla de champán y remover hasta que
6 frambuesas	se disuelva. Enfriar, colocar medio litchi y

una frambuesa en cada uno de los seis vasos
de chupito y verter la mezcla de champán.
Enfriar durante 3 h. o hasta que cuaje. Para
6 personas.

cócteles de champán

El cóctel de champán ha resistido los cambios de las modas a través de todo el siglo XX. Se puede servir como aperitivo o para ocasiones elegantes durante el día.

El champán es el más famoso vino espumoso francés y está protegido por la ley. Sólo el vino que se produce en un área concreta de Francia utilizando el *méthode champenoise* puede ser etiquetado con el nombre de champán.

El original (y el mejor) cóctel de champán.

champagne cocktail

1 terrón de azúcar
unas gotas de Angostura bitters
15 ml (1/2 oz) de brandy
champán helado

Colocar el azúcar en una copa de champán aflautada. Añadir las gotas de Angostura y luego el brandy. Verter lentamente el champán.

¡Una explosión de sabor garantizada!

cherry bombe

cubitos de hielo
30 ml (1 oz) de ginebra
15 ml (1/2 oz) de brandy de cerezas
15 ml (1/2 oz) de zumo de lima
15 ml (1/2 oz) de Cointreau
1 ct de granadina
unas gotas de Angostura bitters
zumo de piña
una rodaja de piña
unas hojas de piña

Llenar media coctelera con hielo. Verter la ginebra, el brandy de cerezas, el zumo de lima, el Cointreau, la granadina y unas gotas de Angostura. Agitar bien y verter a través del filtro en un vaso highball con hielo hasta la mitad. Rellenar con zumo de piña y decorar con una rodaja y un par de hojas de piña.

Realmente apaga la sed en los días más calurosos de verano.

cherry fizz

cubitos de hielo
45 ml (1¹/2 oz) de brandy
45 ml (1¹/2 oz) de brandy de cereza
45 ml (1¹/2 oz) de zumo de limón
soda
zumo de cereza

Llenar media coctelera con hielo. Verter el brandy, el brandy de cerezas y el zumo de limón. Agitar bien y verter a través del filtro en un vaso collins lleno hasta la mitad con hielo. Rellenar con soda y un poquito de zumo de cereza.

Un beso, cariño, ¿nos tomamos un chi chi?

chi chi

1 taza de hielo picado
45 ml (1 1/2 oz) de vodka
15 ml (1/2 oz) de Malibú
30 ml (1 oz) de crema de coco
125 ml (4 oz) de zumo de piña
una rodaja de piña
una fresa

Poner el hielo, el vodka, el Malibú, la crema de coco y el zumo de piña en una batidora de vaso y batir bien. Verter en una copa goblet grande. Decorar con una rodaja pequeña de piña fresca y una fresa.

Los puristas del martini puede que se mofen, pero ¿te importa?

chocotini

50 g (1½ oz) de chocolate
cubitos de hielo
45 ml (1½ oz) de vodka
45 ml (1½ oz) de crema de cacao oscura

Fundir el chocolate en un cuenco al baño maría. Sumergir el borde de una copa de martini en el chocolate o untar el chocolate alrededor del borde del vaso. Enfriar. Llenar media coctelera con hielo. Verter el vodka y la crema de cacao. Agitar bien y verter a través del filtro en la copa.

Tómatelo antes de que den las doce.

cinderella

100 ml (3^1/$_2$ oz) de zumo de naranja
100 ml (3^1/$_2$ oz) de zumo de piña
100 ml (3^1/$_2$ oz) de zumo de limón

Mezclar el zumo de naranja, el zumo de piña y el zumo de limón en una copa goblet grande.

Consejo del barman

Servir esta bebida helada. Si los zumos están a temperatura ambiente, agitar la bebida en una coctelera llena de hielo antes de servir.

Un par de éstos ruborizarán a cualquiera.

citrus blush

cubitos de hielo
15 ml (1/2 oz) de zumo de lima
15 ml (1/2 oz) de Limoncello
45 ml (11/2 oz) de ginebra
zumo de arándanos rojos
un gajo de lima

Llenar medio vaso old fashioned. Verter el zumo de lima, el Limoncello y la ginebra. Agitar bien para mezclar, rellenar con zumo de arándanos rojos y decorar con un gajo de lima.

Cuerpos bronceados, biquinis y una Coco colada para no quedarse cortos.

coco colada

45 ml (1 1/2 oz) de crema de cacao oscura
125 ml (4 oz) de zumo de piña
45 ml (1 1/2 oz) de crema de coco
1 taza de hielo picado
un gajo de piña

Batir la crema de cacao, el zumo de piña y la crema de coco junto con hielo picado hasta que quede suave. Decorar con un gajo de piña.

colada

Las coladas pueden no ser auténticos cócteles clásicos, pero ¿a quién le importa? Están en lo alto de la lista de los cócteles de vacaciones. Compuestas básicamente por ron, zumo de piña y crema de coco, evocan brisas marinas y el sabor de los trópicos. La más famosa de las coladas es la Piña colada.

Un nuevo aire para un café irlandés.

coffee jelly shot

1 1/2 hojas de gelatina
60 ml (2 oz) de café caliente
80 ml (2 1/2 oz) de Tía María
15 ml (1/2 oz) de almíbar
nata montada
chocolate rallado

Remojar la gelatina en agua fría durante aproximadamente 1 min. o hasta que se ablande. Escurrirla y añadirla al café caliente. Remover hasta que se disuelva. Enfriar, añadir el Tía María y el almíbar, y verter en seis vasos de chupito. Antes de servir, coronar con 1 cs de nata montada y espolvorear con chocolate rallado. Enfriar durante 3 h. o hasta que cuaje. Para 6 personas.

Para un paladar suave y cautivador, no hay nada mejor que un Continental.

continental

10 ml (1/4 oz) de zumo de lima
1/2 ct de azúcar
45 ml (11/2 oz) de ron blanco
hielo picado
15 ml (1/2 oz) de crema de menta verde

Mezclar el zumo de lima con el azúcar y el ron blanco en un vaso old fashioned, removiendo hasta que el azúcar se disuelva. Llenar el vaso hasta la mitad con hielo picado y echar la crema de menta. Remover suavemente hasta mezclar.

collinses

Los collinses son tragos largos perfectos para apagar la sed con su mezcla de sabores amargo (limón), dulce (azúcar), penetrante (licor) y un poco burbujeante (soda). Parecidos al fizz, se sirven en un vaso collins y normalmente se adornan con un gajo de limón y una cereza.

Un mejunje del paraíso para noches tropicales salvajes.

copacabana punch

80 ml (2 1/2 oz) de ginebra
80 ml (2 1/2 oz) de ron blanco
455 ml (16 oz) de champán
1 l (35 oz) de zumo de piña
1/4 de piña cortada en dados
3 frutas de la pasión
20 hojas de menta

Verter la ginebra, el ron blanco, el champán y el zumo de piña en una jarra grande o en una ponchera. Añadir la piña cortada en dados, la pulpa de las frutas de la pasión y las hojas de menta. Añadir cubitos de hielo hasta llenar la jarra, remover suavemente y servir en vasos helados. Para 10 personas.

Lo bastante para resucitar a un muerto y llevarle de fiesta.

corpse reviver

cubitos de hielo
30 ml (1 oz) de brandy
15 ml (1/2 oz) de Calvados
15 ml (1/2 oz) de vermouth dulce
cáscara de limón

Llenar media coctelera con hielo. Echar el brandy, el Calvados y el vermouth, y agitar bien. Verter a través del filtro en una copa de martini. Decorar con cáscara de limón.

La más urbana de las bebidas para los maravillosos treinta y tantos.

cosmopolitan

cubitos de hielo
30 ml (1 oz) de vodka alimonado
15 ml (1/2 oz) de Cointreau
45 ml (11/2 oz) de zumo de arándanos rojos
10 ml (1/4 oz) de zumo de lima
cáscara de lima

Llenar media coctelera con hielo. Echar el vodka, el Cointreau, el zumo de arándanos y el zumo de lima y agitar bien. Verter a través del filtro en una copa de martini grande y helado. Decorar con cáscara de lima.

¿No tienes diamantes? En su lugar brilla con una bebida en la mano.

cranberry and vodka sparkle

cubitos de hielo
125 ml (4 oz) de zumo de arándanos rojos
125 ml (4 oz) de limonada o agua mineral
10 ml (1/4 oz) de zumo de lima
30 ml (1 oz) de vodka

Llenar medio vaso mezclador con hielo. Echar el zumo de arándanos, la limonada, el zumo de lima y el vodka, y remover. Servir en un vaso highball.

Brinda por el Nuevo Mundo
con esta revolucionaria fórmula
que se hizo famosa gracias a la
canción de las Andrews Sisters'
"Ron and Coca-cola".

cuba libre

cubitos de hielo	Llenar hasta la mitad con hielo un vaso
60 ml (2 oz) de ron blanco	highball. Echar el ron, exprimir el gajo de
un gajo de lima	lima en la bebida y añadir el gajo al vaso.
cola	Completar con cola.

Inspirada por Hemingway, ésta es una bebida verdaderamente fría.

daiquiri (frozen)

1 taza de hielo picado
60ml (2 oz) de ron blanco
30 ml (1 oz) de zumo de lima
10 ml (1/4 oz) de almíbar
cáscara de lima

Poner el hielo, el zumo de lima y el sirope de azúcar en una batidora. Batir hasta que la mezcla adquiera la consistencia del hielo cristalino; verter en un copa de cóctel helada. Decorar con cáscara de lima.

daiquiris

Un favorito tanto de Ernest Hemingway como de JFK, el daiquiri todavía seduce. Es uno de los cócteles más sencillos, que se compone de ron, zumo de lima y almíbar. Por muy afrutado que sea, las versiones heladas del daiquiri se han hecho muy populares. Algunos puristas critican las versiones heladas como si fueran simples granizados, pero bien elaborados son auténticas delicias frutales.

Comparte la bebida favorita de JFK para después del trabajo.

daiquiri (shaken)

cubitos de hielo
60 ml (2 oz) de ron blanco
30 ml (1 oz) de zumo de lima
10 ml (¼ oz) de almíbar

Llenar media coctelera con hielo. Echar el ron blanco, el zumo de lima y el almíbar. Agitar vigorosamente hasta que esté bien mezclado y verter a través del filtro en una copa de cóctel helada.

Más que un cóctel, el dry martini es toda una institución.

dry martini

cubitos de hielo	Llenar medio vaso mezclador con hielo. Echar
45 ml (1½ oz) de ginebra	la ginebra y el vermouth, y remover. Verter
15 ml (½ oz) de vermut	a través del filtro en una copa de martini
aceitunas verdes o cáscara de limón	helada y decorar con aceitunas verdes o
	cáscara de limón.

Consejo del barman

La cantidad de vermut en un martini es siempre tema de debate, pero la tendencia es utilizar menos cada vez. Si vas a preparar martinis para entendidos, lo mejor es preguntar cómo les gusta.

digestivos

Después de una buena comida, no hay nada mejor que un digestivo (simplemente, una bebida para después de comer). Hay dos tipos principales de digestivos: bebidas mezcladas y, más cremosas, mezclas complicadas que podrían sustituir al postre.

Existe un tercer tipo de digestivo, pero no se ve muy a menudo. Es el *pousse-café* (literalmente "empuja cafés" en francés), que es una bebida hecha en capas que se debe tomar lentamente, capa a capa.

Reúnete con los amigos alrededor del fuego y brinda por los viejos tiempos.

eggnog punch

5 huevos, separadas claras y yemas
300 g (10½ oz) de azúcar
250 ml (9 oz) de bourbon
250 ml (9 oz) de nata
200 ml (7 oz) de leche
nuez moscada recién rallada

Batir las claras de los huevos hasta que estén firmes, añadir lentamente 5 cs de azúcar y batir hasta que adquiera brillo. En un cuenco grande de servir batir las yemas de los huevos con 5 cs de azúcar hasta que el azúcar se haya disuelto. Añadir lentamente el bourbon, batiendo bien. Batir ligeramente la nata con el resto del azúcar hasta que el azúcar se disuelva. Incorporar suavemente las claras a la mezcla de las yemas, y después incorporar la nata. Añadir lentamente la leche y enfriar durante 4 h. Servir cada copa espolvoreada con nuez moscada. Para 10 personas.

Cede ante tu lado diabólico y pide un El diablo.

el diablo

cubitos de hielo
60 ml (2 oz) de tequila
10 ml (¼ oz) de crème de cassis
ginger ale
un gajo de lima

Llenar medio vaso collins con hielo, echar el tequila y la crème de cassis, y completar con ginger ale. Exprimir el gajo de lima en la bebida y añadir el gajo exprimido al vaso. Remover.

eggnog/flip

Los ingredientes principales de los eggnogs y los flips son yema de huevo, edulcorante y licor -y leche o nata para los eggnogs, nada para los flips. Se agitan bien y se sirven en copas de cóctel, normalmente con un poquito de nuez moscada rallada por encima. Es mejor utilizar nuez moscada fresca: el aroma y el sabor son vivos y frescos.

Disfruta de este clásico caribeño, favorito de los americanos que visitaban Cuba durante la Ley Seca.

el presidente

cubitos de hielo
30 ml (1 oz) de ron blanco
15 ml (1/2 oz) de vermut seco
1 ct de granadina
una golpe de curaçao

Llenar medio vaso mezclador con hielo. Echar el ron, el vermouth, la granadina y el curaçao. Remover con hielo y verter a través del filtro en una copa de cóctel helada.

Deja libre al monstruo de los ojos verdes.

envy

cubitos de hielo
30 ml (1 oz) de ron blanco
15 ml (½ oz) de amaretto
15 ml (½ oz) de curaçao azul
15 ml (½ oz) de zumo de lima
80 ml (2½ oz) de zumo de piña
un gajo de piña

Llenar media coctelera con hielo. Echar el ron, el amaretto, el curaçao, el zumo de lima y el zumo de piña. Agitar bien y verter a través del filtro en un vaso highball con hielo hasta la mitad. Decorar con un gajo de piña.

Concierta una cita con el diablo.

fallen angel

cubitos de hielo
45 ml (1½ oz) de ginebra
15 ml (½ oz) de crema de menta verde
30 ml (1 oz) de zumo de limón
unas gotas de Angostura bitters
una guinda al marrasquino

Llenar media coctelera con hielo. Echar la ginebra, la crema de menta, el zumo de limón y unas gotas de Angostura, y agitar. Verter a través del filtro en una copa de cóctel y decorar con una guinda.

Este lindo y tierno cóctel tiene un lado oscuro alcohólico.

fluffy duck

cubitos de hielo
30 ml (1 oz) de advocaat
30 ml (1 oz) de ginebra
15 ml (1/2 oz) de Cointreau
30 ml (1 oz) de zumo de naranja
30 ml (1 oz) de nata
limonada

Llenar medio vaso highball con hielo. Echar el advocaat, la ginebra, el Cointreau, el zumo de naranja y la nata, y completar con limonada.

fizz

Básicamente, un fizz es un sour con soda. Pero, a diferencia de los sours, no todos los fizzes utilizan el azúcar como edulcorante -el sirope o la miel se utilizan a menudo en su lugar. Los fizzes normalmente se hacen con ginebra, pero hay variaciones que utilizan otros licores. Se sirven en vaso collins o vaso highball llenos de hielo y son largos, fríos y refrescantes, perfectos para las calurosas noches de verano.

Pon otro disco, siéntate y acaba la tarde con esta cremosa y seductora mezcla.

frankie

cubitos de hielo
30 ml (1 oz) de Frangelico
30 ml (1 oz) de Kahlúa
30 ml (1 oz) de crema irlandesa
30 ml (1 oz) de nata
avellanas molidas

Llenar media coctelera con hielo. Echar el Frangelico, el Kahlúa, la crema irlandesa y la nata. Agitar bien, y verter a través del filtro en una copa de cóctel grande helada. Servir espolvoreado con avellanas molidas finamente.

Cuando se acaben los cócteles no desesperes. Puedes utilizar cualquier licor que tengas a mano para hacer un frappé.

frappé

hielo finamente picado
30 ml (1 oz) de Parfait Amour
15 ml (1/2 oz) de Cointreau

Llenar hasta el borde una copa de cóctel con hielo picado. Echar el Parfait Amour y el Cointreau. Remover suavemente y servir inmediatamente con una pajita corta.

Consejo del barman

Los frappés clásicos utilizan Cointreau, crema de menta o una combinación de Midori y Cointreau. Normalmente es suficiente con un total de 30 ml (1 oz) de licor, pero si eres como nosotros, no podrás resistirte a añadir un poquito más.

Durante la Primera Guerra Mundial, los oficiales franceses lo tomaban antes de la batalla. Aún hoy sirve para proporcionar valor.

french 75

cubitos de hielo	Llenar con hielo hasta la mitad una coctelera.
30 ml (1 oz) de ginebra	Echar la ginebra, el zumo de limón y el
30 ml (1 oz) de zumo de limón	almíbar, y agitar bien. Verter a través del
15 ml (1/2 oz) de almíbar	filtro en un vaso highball. Añadir unos pocos
champán helado	cubitos de hielo y completar con champán.
Consejo del barman	Echar el champán lentamente para no perder
	ni una sola burbuja.

El French connection es escaso, pero ¿a quién le importa?

french connection

cubitos de hielo	Llenar medio vaso old fashioned con hielo.
30 ml (1 oz) de coñac	Echar el coñac y después el amaretto.
15 ml (1/2 oz) de amaretto	Remover bien.

El cóctel equivalente a un helado para satisfacer al niño que llevas dentro.

frozen splice

15 ml (1/2 oz) de licor de melón
15 ml (1/2 oz) de ron blanco
15 ml (1/2 oz) de Malibú
15 ml (1/2 oz) de crema de coco
30 ml (1 oz) de zumo de piña
1 taza de hielo picado
un gajo de piña
hojas de piña

Echar el licor de melón, el ron, el Malibú, la crema de coco y el zumo de piña en una batidora de vaso. Añadir el hielo picado y batir hasta que quede suave. Echar en una copa de martini grande helada. Decorar con un gajo y unas hojas de piña.

Una seductora mezcla de café, nata y Kahlúa para rematar la noche.

full moon

cubitos de hielo
30 ml (1 oz) de ron blanco
30 ml (1 oz) de Kahlúa
1 ct de azúcar
una pizca de clavo molido
una pizca de canela molida
150 ml (5 oz) de café expreso frío
30 ml (1 oz) de nata

Llenar las tres cuartas partes de un vaso highball con hielo, echar el ron y el Kahlúa, y añadir el azúcar. Remover bien hasta que el azúcar se disuelva y añadir los clavos y la canela. Echar la nata por encima vertiéndola cuidadosamente con la ayuda de una cucharilla.

La bebida que unificó Italia.

garibaldi

cubitos de hielo
45 ml (1¹/₂ oz) de Campari
zumo de naranja
media rodaja de naranja

Llenar medio vaso highball con hielo, echar el Campari y el zumo de naranja. Decorar con media rodaja de naranja.

Un martini con otro nombre: la diferencia está en el sabor de una cebolla perla o dos.

gibson

cubitos de hielo
60 ml (2 oz) de ginebra
1 ct de vermut seco
cebolletas en vinagre

Llenar medio vaso mezclador con hielo. Verter la ginebra y el vermut, y remover. Verter a través del filtro en una copa de martini helada y decorar con una o dos cebolletas.

Una antigua bebida de la marina inglesa que se hizo famosa en Estados Unidos cuando el sabueso Philip Marlowe la hizo suya.

gimlet

cubitos de hielo	Llenar medio vaso mezclador con hielo, echar
60 ml (2 oz) de ginebra	la ginebra y el refresco de lima y remover
30 ml (1 oz) de cordial de zumo de lima	bien. Verter a través del filtro en una copa de
cáscara de lima	cóctel helada y decorar con cáscara de lima.

Consejo del barman — Es conveniente indicar que cordial de zumo de lima quiere decir zumo espeso almibarado de limas frescas. La versión infantil -verde chillón, empalagosa y con muy poco parecido a la fruta auténtica- arruinará cualquier cóctel.

La otra Unión Europea.

gin and french

cubitos de hielo	Llenar medio vaso mezclador con hielo. Echar
45 ml (1¹/₂ oz) de ginebra	la ginebra y el vermut y remover. Verter a
30 ml (1 oz) de vermut francés seco	través del filtro en una copa de cóctel helada.
cáscara de limón	Decorar con cáscara de limón.

La combinación clásica de ginebra y vermut italiano.

gin and it

cubitos de hielo
45 ml (1¹/₂ oz) de ginebra
15 ml (¹/₂ oz) de vermut rosso
una guinda al marrasquino

Llenar media cubitera con hielo. Verter la ginebra y el vermut, y luego remover. Filtrar en una copa de cóctel y decorar con una guinda.

Consejo del barman

Algunas versiones de esta receta servían la bebida sin enfriar. Se prepara en la copa de cóctel sin hielo.

Descubre tu glamour interior con un gin fizz o dos.

gin fizz

cubitos de hielo
30 ml (1 oz) de ginebra
15 ml (1/2 oz) de zumo de limón
10 ml (1/4 oz) de almíbar
soda
una rodaja de limón

Llenar media coctelera con hielo. Verter la ginebra, el zumo de limón y el almíbar, y luego agitar bien. Filtrar en un vaso highball, medio lleno de hielo, y completar con soda. Decorar con una rodajita de limón.

ginebra

La ginebra era un licor barato que fue el azote de las madres británicas del siglo XVIII. Una vez establecidos los controles de destilación, la ginebra experimentó un cambio de fortuna y en la actualidad se ha convertido en un popular licor de bar con su bouquet herboso a enebrina.

Hay dos variedades principales de ginebra. La "London dry gin" es la que suele utilizarse en la preparación de cócteles, mientras que la "Dutch gin" suele servirse sola debido a su fuerte sabor.

Saca la ginebra del mueble bar y sirve este cóctel en un día de calor.

gin sling

cubitos de hielo
45 ml (1½ oz) de ginebra
30 ml (1 oz) de zumo de limón
un golpe de granadina (opcional)
10 ml (¼ oz) de almíbar
soda

Llenar medio vaso old fashioned con hielo. Añadir la ginebra, el zumo de limón, la granadina y el almíbar, y luego completar con soda. Decorar con una sombrillita de papel.

El amaretto realza el matiz del brezo del whisky escocés.

godfather

cubitos de hielo	Llenar medio vaso old fashioned con hielo.
45 ml (1 1/2 oz) de whisky escocés	Verter el whisky y el amaretto. Remover
20 ml (1/2 oz) de amaretto	delicadamente y servir.

Un hada madrina hará realidad todos tus sueños.

godmother

cubitos de hielo	Llenar medio vaso old fashioned con hielo.
45 ml (1 1/2 oz) de vodka	Verter el vodka y el amaretto. Remover
20 ml (1/2 oz) de amaretto	delicadamente y servir.

No conduzcas…
Móntate en este modelazo.

golden cadillac

cubitos de hielo
30 ml (1 oz) de Galliano
30 ml (1 oz) de crema de cacao clara
30 ml (1 oz) de nata fresca

Llenar media coctelera con hielo. Verter el Galliano, la crema de cacao y la nata. Agitar bien y verter a través del filtro en una copa de cóctel.

Pijama de seda, zapatillas con plumas y almohadas henchidas… ¡Uy!, sólo es mediodía.

golden dream

cubitos de hielo
30 ml (1 oz) de Galliano
30 ml (1 oz) de Cointreau
30 ml (1 oz) de zumo de naranja
30 ml (1 oz) de nata
cáscara de naranja

Llenar media coctelera con hielo. Echar el Galliano, el Cointreau, el zumo de naranja y la nata. Agitar bien y verter a través del filtro en una copa de cóctel grande. Decorar con un trocito de cáscara de naranja.

Un cóctel ligero y gaseoso que no debe tomarse muy en serio.

golden fizz

cubitos de hielo
30 ml (1 oz) de ginebra
30 ml (1 oz) de zumo de limón
15 ml (1/2 oz) de almíbar
1 yema de huevo
soda

Llenar media coctelera con hielo. Echar la ginebra, el zumo de limón, el almíbar y la yema de huevo, y agitar bien. Verter a través del filtro en un vaso highball, medio lleno de hielo, y completar con soda.

El Grand Marnier y la naranja aportan un resplandor dorado al lustre plateado de una margarita convencional.

golden margarita

1 taza de hielo picado
30 ml (1 oz) de tequila dorado
30 ml (1 oz) de Grand Marnier
30 ml (1 oz) de zumo de naranja
30 ml (1 oz) de zumo de lima
cáscara de naranja

Echar el hielo picado, el tequila, el Grand Marnier, el zumo de naranja y el zumo de lima en una batidora de vaso. Mezclar hasta que la mezcla adquiera la consistencia de hielo cristalino y verter en una copa de cóctel con costra de sal. Decorar con cáscara de naranja.

Consejo del barman

Esta bebida utiliza tequila dorado por su sabor pleno y profundo.

Cuatro palabras definen esta bebida: postre en una copa.

grasshopper

cubitos de hielo
30 ml (1 oz) de crema de menta verde
30 ml (1 oz) de crema de cacao blanca
60 ml (2 oz) de nata
chocolate en polvo

Llenar media coctelera con hielo. Echar la crema de menta, la crema de cacao y la nata. Agitar bien y verter a través del filtro en una copa de martini congelada. Decorar con chocolate en polvo.

El nombre de este cóctel, surgido en EE UU en los años 50, deriva de Harvey, el conejo gigante que en una película de la época hablaba a James Stewart cuando "golpeaba la pared" (*wallbanger* en inglés).

harvey wallbanger

hielo picado
30 ml (1 oz) de vodka
10 ml (¼ oz) de Galliano
zumo de naranja
cáscara de naranja

Llenar medio vaso highball con hielo picado. Añadir el vodka y el Galliano, y completar con zumo de naranja. Decorar con cáscara de naranja.

No tendrás puros, pero al menos no existe embargo sobre el Havana special.

havana special

cubitos de hielo	Llenar media coctelera con hielo. Echar el
60 ml (2 oz) de zumo de piña	zumo de piña, el brandy de cereza y el ron.
10 ml (1/4 oz) de brandy de cereza	Agitar bien y verter a través del filtro en una
45 ml (1 1/2 oz) de ron blanco	copa de cóctel con hielo. Decorar con una
una guinda al marrasquino	cereza.

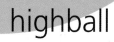

highball

El highball es un trago largo que, además de alcohol, lleva siempre una bebida gaseosa, como ginger ale o soda, y se sirve con hielo. Suele servirse en un vaso collins o en su propio vaso, llamado vaso highball, los dos altos y elegantes. Un trocito de cáscara de limón o naranja pone el toque decorativo.

No necesitas ser un experto barman para preparar este cóctel, basta con que tengas un hermoso vaso alto.

highball

cubitos de hielo
45 ml (1¹/₂ oz) de whisky
soda o ginger ale
cáscara de limón

Llenar medio vaso highball con hielo. Echar el whisky y completar con la soda o el ginger ale. Decorar con cáscara de limón.

Consejo del barman

Una conocida versión del highball mezcla bourbon y ginger ale en las mismas cantidades indicadas arriba.

Una versión más sofisticada del original.

horse's neck

cubitos de hielo
45 ml (1¹/₂ oz) de brandy
1 ct de Angostura bitters
ginger ale
1 limón

Llenar un vaso highball con hielo. Echar el brandy y luego la angostura. Completar con ginger ale. Decorar con una "cabeza de caballo". Para hacer la cabeza de caballo, pelar el limón obteniendo una sola tira de piel. Atar un nudo en un extremo. Colocar el extremo anudado de cáscara por encima del borde interior de un vaso highball, de manera que la mayor parte cuelgue por fuera del vaso.

Ahora lo ves, ahora no lo ves.

ilusión

cubitos de hielo
30 ml (1 oz) de licor de melón
30 ml (1 oz) de Cointreau
30 ml (1 oz) de vodka
30 ml (1 oz) de zumo de limón
30 ml (1 oz) de zumo de piña
hojas de piña

Llenar media coctelera con hielo. Echar el licor de melón, el Cointreau, el vodka, el zumo de limón y el zumo de piña. Agitar bien y verter a través del filtro en una copa de cóctel doble congelada. Decorar con hojas de piña.

El chocolate y la naranja demuestran por qué son una combinación ganadora.

jaffa

cubitos de hielo
30 ml (1 oz) de Kahlúa
15 ml ($^1\!/_2$ oz) de whisky escocés
15 ml ($^1\!/_2$ oz) de Grand Marnier
15 ml ($^1\!/_2$ oz) de zumo de naranja
30 ml (1 oz) de nata
espirales de chocolate rallado
cáscara de naranja

Llenar media coctelera con hielo. Echar el Kahlúa, el whisky, el Grand Marnier, el zumo de naranja y la nata. Agitar bien y verter a través del filtro en una copa de cóctel congelada. Decorar con espirales de chocolate rallado y cáscara de naranja.

El licor de melón japonés aporta un toque de color al eggnog.

japanese eggnog

cubitos de hielo
45 ml (1¹/₂ oz) de Cointreau
45 ml (1¹/₂ oz) de licor de melón
80 ml (2¹/₂ oz) de leche
un golpe de clara de huevo

Llenar media coctelera con hielo. Echar el Cointreau, el licor de melón, la leche y la clara de huevo, y agitar bien. Verter a través del filtro en una copa de cóctel.

Elegante, exótico y un tanto misterioso. Una sombrillita de papel es la decoración ideal.

japanese slipper

cubitos de hielo
30 ml (1 oz) de licor de melón
30 ml (1 oz) de Cointreau
30 ml (1 oz) de zumo de limón
cáscara de limón

Llenar media coctelera con hielo. Echar el licor de melón, el Cointreau y el zumo de limón. Agitar bien y verter a través del filtro en una copa de martini congelada. Decorar con cáscara de limón.

juleps

El julep es una invención americana, concebida originalmente para enmascarar el sabor del alcohol de poca calidad. En la actualidad, es admirado por su sutil combinación de menta y licor. Preparado en vaso mediano, el julep se compone de licor, hojas de menta aromática, azúcar y hielo picado tan fino como la nieve. Algunas personas retiran las hojas de menta del vaso, pero otras las dejan a fin de aportar un toque de verde fresco. Una decoración popular es una ramita de menta espolvoreada con azúcar.

No, no es para los niños.

jelly bean

cubitos de hielo
30 ml (1 oz) de Sambuca
10 ml (¼ oz) de cordial de frambuesa
limonada
alubias de caramelo

Llenar una copa de cóctel con hielo. Verter el Sambuca y el cordial de frambuesa, y luego completar con limonada. Decorar con alubias de caramelo: deberían flotar sobre el hielo.

El sake no suele utilizarse
en cócteles, pero aquí aporta
un toque auténtico.

kabuki

60 ml (2 oz) de sake
30 ml (1 oz) de cordial de zumo de lima
15 ml (1/2 oz) de almíbar
15 ml (1/2 oz) de zumo de lima
15 ml (1/2 oz) de Cointreau
6 cubitos de hielo
cácara de lima

Poner el sake, el cordial, el almíbar, el zumo
de lima, el Cointreau y el hielo en una
batidora de vaso. Batir bien y verter en un
vaso con costra de sal. Decorar con cáscara de
lima.

Consejo del barman

El cordial, o refresco de zumo de lima, debe ser
espeso y almibarado, no la versión infantil de
color verde vivo.

En fin, si vas a estrellarte…, seguro que podrás tomar un último trago.

kamikaze

cubitos de hielo
30 ml (1 oz) de vodka
30 ml (1 oz) de Cointreau
30 ml (1 oz) de zumo de limón
un golpe de cordial de zumo de lima

Llenar media coctelera con hielo. Echar el vodka, el Cointreau, el zumo de limón y el cordial de zumo de lima. Agitar bien y verter a través del filtro en una copa de martini congelada. Decorar con una sombrillita de papel.

Consejo del barman

El cordial, o refresco de zumo de lima, debe ser espeso y almibarado, no la versión infantil de color verde vivo.

Verde, pero no como una rana, más bien como un príncipe encantado.

kermit

cubitos de hielo	Llenar media coctelera con hielo. Añadir
30 ml (1 oz) de licor de melón	el licor de melón, el licor de plátano, la
30 ml (1 oz) de licor de plátano	crema de cacao y la nata. Agitar bien y
15 ml (^{1}/$_2$ oz) de crema de cacao blanco	verter a través del filtro en una copa de
60 ml (2 oz) de nata	cóctel congelada. Decorar con una guinda al
una guinda al marrasquino	marrasquino.

La guerra fría es cosa del pasado, pero no dejes que eso te frene.

KGB

30 ml (1 oz) de Kahlúa	Echar el Kahlúa en un vaso old fashioned y luego verter la crema irlandesa sobre el dorso de una cucharita para crear una segunda capa. Repetir con el Grand Marnier de tal forma que se acabe con tres capas.
30 ml (1 oz) de crema irlandesa	
30 ml (1 oz) de Grand Marnier	
Consejo del barman	En un trago corto, dividir a la mitad las cantidades de licor y verter, formando capas, en un vaso pequeño o de chupito.

¿No sabes qué beber?
Un kir es siempre una elección
con clase.

kir

15 ml (1/2 oz) de crème de cassis
vino blanco seco frío

Verter la crème de cassis en una copa goblet y completar delicadamente con el vino blanco frío.

Consejo del barman

La crème de cassis es un licor elaborado a partir de grosellas negras. Algunas personas lo consideran un reconstituyente.

Un combinado digno de la realeza.

kir royal

2 golpes de crème de cassis
champán helado

Verter la crème de cassis en una copa de champán y completar con champán.

La dulce acidez del kiwi combina perfectamente con el tequila.

kiwi margarita

hielo picado
45 ml (1½ oz) de tequila
30 ml (1 oz) de Cointreau
30 ml (1 oz) de licor de melón
30 ml (1 oz) de zumo de limón
1-2 kiwis pelados y troceados
rodajas de kiwi

Echar el hielo, el tequila, el Cointreau, el licor del melón, el zumo de limón y el kiwi en una batidora de vaso y batir bien. Verter en una copa de cóctel con costra de sal. Decorar con rodajas de kiwi pinchadas en agitadores.

Otra variante de la combinación de ginebra y vermut.

knickerbocker

15 ml (1/2 oz) de vermut seco
un golpe de vermut dulce
30 ml (1 oz) de ginebra
una rodaja de limón

Llenar un vaso mezclador con hielo. Añadir el vermut seco, el vermut dulce y la ginebra. Verter a través del filtro en una copa de martini helada. Exprimir una rodaja de limón en la bebida y añadir la rodaja exprimida a la copa.

Prueba un Lamborghini flameado: enciende el chartreuse unos instantes antes de beber, ¡pero cuidado con las cejas!

lamborghini

15 ml (1/2 oz) de Kahlúa
15 ml (1/2 oz) de Galliano
15 ml (1/2 oz) de chartreuse verde

Echar el Kahlúa en un vaso de chupito y luego verter el Galliano sobre el dorso de una cuchara pequeña para crear otra capa. Repetir con el chartreuse para crear tres capas distintas.

cócteles con capas

Ninguna otra bebida tiene el impacto visual de una bebida con capas. La preparación de estas bebidas requiere un poco de suerte, pero el secreto consiste en verter primero el licor más pesado en la copa o vaso y luego añadir lentamente un licor menos denso dejándolo caer sobre el dorso de una cuchara pequeña. Repite la operación y contempla tu trabajo.

En general, los licores almibarados son los más densos, seguidos de los licores cremosos y, por último, los alcoholes normales, pero esto varía según las marcas.

Los tradicionalistas prefieren el martini con ginebra, pero un sorbito de éste podría hacerles cambiar de opinión.

lemon drop martini

1 ct de azúcar
15 ml (½ oz) de zumo de limón
80 ml (2½ oz) de vodka
cáscara de limón

Poner el azúcar y el zumo de limón en una coctelera. Remover hasta que el azúcar se haya disuelto y luego llenar media coctelera con hielo. Añadir el vodka y agitar bien. Verter a través del filtro en una copa de martini helada y decorar con cáscara de limón.

Cuando un collins se combina con un sour, tienes un rickey.

lime rickey

cubitos de hielo
45 ml (1¹/₂ oz) de ginebra
15 ml (¹/₂ oz) de almíbar
15 ml (¹/₂ oz) de zumo de lima
soda
cáscara de lima
rodaja de lima

Llenar medio vaso highball con hielo. Añadir la ginebra, el almíbar y el zumo de lima, y completar con soda. Decorar con cáscara de lima y una rodaja de lima.

La acidez efervescente del limón hace de éste el aperitivo ideal.

limoncello cocktail

10 ml (1/4 oz) de zumo de lima
15 ml (1/2 oz) de Limoncello
champán helado

Echar el zumo de lima y el Limoncello en una copa de champán helada y completar con el champán. Si se añade el champán demasiado deprisa, puede rebosar.

Consejo del barman

El Limoncello es un vodka aromatizado con una infusión de cáscara de limón y luego mezclado con almíbar.

Este cóctel es mucho más sofisticado que el regaliz de colores.

liquorice allsort

cubitos de hielo
15 ml (1/2 oz) de Sambuca negro
15 ml (1/2 oz) de licor de fresa
15 ml (1/2 oz) de Malibú
60 ml (2 oz) de nata
regaliz

Llenar media coctelera con hielo. Echar el Sambuca, el licor de fresa, el Malibú y la nata, y agitar bien. Verter a través de un filtro en una copa de cóctel helada y decorar con un regaliz.

Aquellos días de inocencia,
sentados en el columpio
bebiendo té helado…
¡quedan tan lejos!

long island iced tea

cubitos de hielo
15 ml (1/2 oz) de ron blanco
15 ml (1/2 oz) de ginebra
15 ml (1/2 oz) de Cointreau
15 ml (1/2 oz) de tequila
1/2 ct de zumo de lima
cola
rodaja de lima

Llenar medio vaso highball con hielo. Echar el ron blanco, el vodka, la ginebra, el Cointreau, el tequila y el zumo de lima, y luego completar con cola. Remover bien con un agitador. Decorar con una rodaja de lima.

Creado por el famoso barman americano Trader Vic para satifacer a sus amigos tahitianos, el mai tai evoca un paraíso de la Polinesia.

mai tai

hielo picado
60 ml (2 oz) de ron blanco
30 ml (1 oz) de ron tostado
15 ml (1/2 oz) de Cointeau
15 ml (1/2 oz) de amaretto
15 ml (1/2 oz) de zumo de limón
80 ml (21/2 oz) de zumo de piña
100 ml (31/2 oz) de zumo de naranja
15 ml (1/2 oz) de almíbar
un golpe de granadina
rodaja de lima y hojas de menta

Llenar media copa de cóctel grande con hielo picado. Añadir el ron blanco, el ron tostado, el Cointreau, el amaretto, el zumo de limón, el zumo de piña, el zumo de naranja, el almíbar y la granadina. Remover y decorar con una rodaja de lima y unas hojas de menta.

El martini ha alcanzado nuevas cotas con la llegada de los vodkas aromáticos.

mandarini martini

cubitos de hielo	Llenar medio vaso mezclador con hielo.
60 ml (2 oz) de vodka con sabor a mandarina	Echar el vodka y el vermut. Remover y verter
15 ml (1/2 oz) de vermut seco	a través del filtro en una copa de martini
cáscara de naranja	helada. Decorar con cáscara de naranja.
Consejo del barman	Los acanaladores de cítricos son el mejor utensilio para hacer espirales de cáscara de cítrico. Tienen agujeros en un extremo y una hoja en ángulo. La hoja se desliza sobre la cáscara para cortar hebras largas y finas de cáscara que son ideales para decorar.

El Bellini se vuelve tropical en esta deliciosa versión del clásico.

mango bellini

15 ml (1/2 oz) de zumo de mango
champán helado

Verter el zumo de mango en una copa de champán y completar delicadamente con champán.

Uno de los cócteles afrutados favoritos: conviene tener a mano mucho hielo picado.

mango daiquiri

medio mango, pelado y cortado en dados
30 ml (1 oz) de ron blanco
30 ml (1 oz) de licor de mango
30 ml (1 oz) de zumo de limón
15 ml (½ oz) de almíbar
1 taza de hielo picado

Echar el mango troceado, el ron, el licor de mango, el zumo de limón y el almíbar en una batidora de vaso. Batir hasta que esté suave, añadir el hielo y batir hasta que la mezcla tenga la consistencia de hielo cristalino. Verter en una copa de cóctel helada.

Una exquisita combinación de fruta tropical, nata decadente y licores deliciosos.

mango tango

30 ml (1 oz) de licor de mango
30 ml (1 oz) de Grand Marnier
15 ml (1/2 oz) de almíbar
30 ml (1 oz) de nata
30 ml (1 oz) de leche
medio mango, cortado en dados
8 cubitos de hielo
puré de mango fresco

Poner el licor de mango, el Grand Marnier, el almíbar, la nata, la leche, el mango troceado y el hielo en una batidora. Batir hasta que la mezcla esté espesa y suave, y luego verter en una copa de cóctel helada. Decorar con un chorrito de puré de mango fresco.

Una bebida de la época dorada del Manhattan club de fines del siglo XIX.

manhattan

cubitos de hielo
45 ml (1 1/2 oz) de Southern Comfort
15 ml (1/2 oz) de vermut rojo
un golpe de Angostura bitters
una guinda al marrasquino.

Llenar media coctelera con hielo. Echar el Southern Comfort, el vermut y la angostura, y agitar bien. Verter a través de un filtro en una copa de cóctel helada. Decorar con una guinda.

La ciudad se ha destilado en una de las bebidas más elegantes.

manhattan dry

cubitos de hielo
45 ml (1 1/2 oz) de Southern Comfort
15 ml (1/2 oz) de vermut seco
un golpe de Angostura bitters
cáscara de limón

Llenar media coctelera con hielo. Echar el Southern Comfort, el vermut y la angostura, y agitar bien. Verter a través del filtro en una copa de cóctel helada. Decorar con cáscara de limón.

margarita

Desde su invención en la década de 1930 o 1940, la margarita se ha convertido en el cóctel más famoso de EE UU. Todas las margaritas son variantes de un mismo tema: tequila, licor de naranja, zumo de lima, hielo y sal. Agitada en su origen, en la actualidad la mayoría de las margaritas se baten con hielo picado.

El borde con costra de sal es un componente esencial de una margarita. Para crear la costra de sal, humedecer el borde con una rodaja de limón y luego untar en un platito con sal.

Piensa en algo frío como el hielo y mantén todo perfectamente fresco para la margarita helada definitiva.

margarita (helada)

1 taza de hielo picado
60 ml (2 oz) de tequila
30 ml (1 oz) de Cointreau
30 ml (1 oz) de zumo de limón
una rodaja de limón

Echar el hielo, el tequila, el Cointreau y el zumo de limón en una batidora de vaso. Batir hasta que la mezcla parezca hielo cristalino y verter en una copa de cóctel con costra de sal. Decorar con una rodaja de limón.

Una margarita en su forma original: agitada en lugar de batida.

margarita (agitada)

cubitos de hielo
60 ml (2 oz) de tequila
30 ml (1 oz) de Cointreau
30 ml (1 oz) de zumo de limón o lima

Llenar media coctelera con hielo. Echar el tequila, el Cointreau y el zumo de limón o lima, y agitar bien. Verter a través del filtro en una copa de cóctel con borde de sal.

Se rumorea que el Martínez cocktail es el padre del martini.

Martínez cocktail

cubitos de hielo
30 ml (1 oz) de ginebra
30 ml (1 oz) de vermut seco
un golpe de Angostura bitters
un golpe de triple sec
una guinda al marrasquino

Llenar medio vaso mezclador con hielo. Echar la ginebra, el vermut, la angostura y el triple sec. Remover bien y verter a través del filtro en una copa de cóctel helada. Decorar con una guinda.

El melón resplandece en esta versión de la margarita clásica.

melón margarita

1 taza de hielo picado
30 ml (1 oz) de licor de melón
30 ml (1 oz) de tequila
45 ml (1½ oz) de zumo de limón
15 ml (½ oz) de almíbar
cáscara de limón

Poner el hielo, el licor de limón, el tequila, el zumo de limón y el almíbar en una batidora de vaso. Batir hasta que la mezcla parezca hielo cristalino y verter en una copa de cóctel con costra de sal. Decorar con cáscara de limón.

martini

Más símbolo que bebida, el martini continúa hechizándonos con su elegancia y simplicidad. El origen del martini es desconocido, salvo que fue inventado en América a finales del siglo XIX. Aunque inicialmente era una sencilla fórmula de ginebra, vermut francés y aceitunas, en la actualidad existen muchas versiones, consideradas degeneración por unos e ingenuidad por otros.

¿Quién quiere beberse un millonario? ¡Yo!

millionaire

cubitos de hielo
20 ml (1/2 oz) de zumo de limón
1 clara de huevo
10 ml (1/4 oz) de Cointreau
1 ct de granadina
45 ml (11/2 oz) de bourbon

Llenar media coctelera con hielo. Echar el zumo de limón, la clara de huevo, el Cointreau, la granadina y el bourbon. Verter a través del filtro en un vaso sour.

Una reliquia de la gentil sociedad de Virginia que la inventó.

mint julep

4 hojas de menta
4 terrones de azúcar
hielo picado
60 ml (2 oz) de bourbon
un golpe de ron tostado o brandy
una ramita de menta

Machacar las hojas de menta y los terrones de azúcar con el dorso de una cuchara de madera o una mano de mortero en un vaso highball grande. Llenar con hielo picado, añadir el bourbon y remover. Completar con un golpe de ron o brandy. Servir con una pajita larga y decorar con una ramita de menta.

¿Qué es ese resplandor en la barra de bar?

mirage

cubitos de hielo
30 ml (1 oz) de zumo de lima
30 ml (1 oz) de licor de melón
100 ml (3¹/2 oz) de refresco de jengibre sin alcohol
30 ml (1 oz) de vodka
15 ml (¹/2 oz) de licor de fresa
una rodaja de lima

Llenar un tercio de un vaso highball con hielo. Echar el zumo de lima, el licor de melón y la cerveza de jengibre. Mezclar el vodka y el licor de fresa en un vaso aparte, y hacer "flotar" delicadamente la mezcla de vodka sobre el refresco de jengibre vertiéndolo sobre el dorso de una cuchara pequeña. Decorar con una rodaja de lima.

Intima con el primo más excitante del Mint julep.

mojito

2 ramitas de de menta fresca
1 ct de azúcar
45 ml (1½ oz) de zumo de lima
cubitos de hielo
60 ml (2 oz) de ron blanco
soda

En un vaso highball, machacar la menta y el azúcar con el dorso de una cuchara de madera o la mano de un mortero. Añadir el zumo de lima y llenar tres cuartos del vaso con hielo. Verter el ron blanco y completar con soda.

Consejo del barman

Muchas personas creen que el secreto de un buen mojito es dejar la lima exprimida sumergida en la bebida. Los aceites de la cáscara aportan una acidez suave que realza la bebida.

cócteles para aplastar

Aplastar es un término que indica remover y machacar. Básicamente implica apretar los ingredientes (con frecuencia hierbas y frutas) con una mano de mortero o el dorso de una cuchara. El objetivo es extraer el mayor sabor posible de los ingredientes. Para aplastar una bebida, poner los ingredientes en un vaso que tenga una base resistente, y luego apretar los ingredientes contra el fondo del vaso. Mezclar bien y preparar el cóctel.

Aunque esta bebida se sirve tradicionalmente en una jarra de cobre, el vaso highball aporta clase.

moscow mule

cubitos de hielo
60 ml (2 oz) de vodka
15 ml (1/2 oz) de zumo de lima
refresco de jengibre sin alcohol
una rodaja de lima

Llenar medio vaso highball con cubitos de hielo. Añadir el vodka y el zumo de lima, y completar con refresco de jengibre. Decorar con una rodaja de lima.

Nada empalagoso
y muy, muy sabroso.

mudslide

50 g (1³/4 oz) chocolate fundido
cubitos de hielo
30 ml (1 oz) de Kahlúa
45 ml (1¹/2 oz) de crema irlandesa
15 ml (¹/2 oz) de vodka

Untar el borde de un vaso old fashioned
para recubrir el borde. Llenar medio vaso con
el hielo. Echar el Kahlúa, crema irlandesa y
vodka, y remover bien.

Consejo del barman

El mudslide a veces se prepara con cantidades
iguales de tres licores: 15 ml (¹/2 oz) de cada.

El aperitivo clásico italiano.

negroni

cubitos de hielo
30 ml (1 oz) de ginebra
30 ml (1 oz) de vermut rojo
30 ml (1 oz) de Campari
soda (opcional)
cáscara de naranja

Llenar medio vaso mezclador con hielo. Echar la ginebra, vermut y Campari, y remover bien. Verter a través del filtro en una copa de cóctel. Añadir un golpe de soda si se desea. Decorar con cáscara de naranja.

Ideal para urbanitas sofisticados.

new-yorker

cubitos de hielo
45 m (1¹/₂ oz) de bourbon
1 ct de zumo de lima
un golpe de granadina
cáscara de naranja

Llenar media coctelera con hielo. Echar el bourbon, el zumo de lima y la granadina, y agitar bien. Verter en un vaso old fashioned. Decorar con cáscara de naranja.

Uno de los grandes de la historia del cóctel y quizá el primer cóctel auténticamente americano.

old-fashioned

1 cubito de hielo	Poner el cubito de azúcar en un vaso old
un golpe de Angostura bitters	fashioned, añadir la angostura y dejar que
soda	la absorba el azúcar. Añadir un chorro de
cubitos de hielo	soda y hielo hasta llenar medio vaso. Verter
60 ml (2 oz) de whisky	el whisky y remover hasta que se disuelva el
cáscara de naranja	azúcar. Decorar con cáscara de naranja.

Este premiado cóctel es un sorprendente aperitivo.

olé

cubitos de hielo	Llenar media coctelera con hielo. Echar el
45 ml (1 1/2 oz) de tequila	tequila y el licor de plátano, y agitar bien.
30 ml (1 oz) de licor de plátano	Verter a través del filtro en una copa de licor.
un golpe de curaçao azul	Añadir un golpe de curaçao azul para lograr
	un efecto bicolor.

Claro que parece inocente… pero no es una gelatina común.

chupito de gelatina de naranja

1 hoja de gelatina
10 ml (1/4 oz) de almíbar
60 ml (2 oz) de zumo de naranja sin pulpa
15 ml (1/2 oz) de zumo de limón
60 ml (2 oz) de Grand Marnier
30 ml (1 oz) de Galliano
6 gajos de naranja

Remojar la hoja de gelatina en agua fría. Calentar el almíbar, el zumo de naranja y el zumo de limón. Exprimir el líquido de la gelatina, añadir a la mezcla de zumo y remover hasta que se haya disuelto. Dejar enfriar, añadir el Grand Marnier y el Galliano. Poner un gajo de naranja en cada uno de los seis vasos de chupito y verter la mezcla de naranja. Refrigerar durante 3 h. o hasta que cuaje. Se obtienen seis.

Tómate otro.
Y otro.
Y…

orgasm

cubitos de hielo
30 ml (1 oz) de Cointreau
30 ml (1 oz) de crema irlandesa
1 fresa
2 guindas al marrasquino

Llenar medio vaso old fashioned con hielo.
Echar el Cointreau y la crema irlandesa, y
remover para mezclar. Decorar con una fresa
y un par de cerezas.

El paraíso es una coctelería.

paradise

cubitos de hielo
30 ml (1 oz) de ginebra
15 ml (1/2 oz) de brandy de albaricoque
1 ct de zumo de naranja
media rodaja de naranja
una guinda al marrasquino

Llenar media coctelera con hielo. Echar la ginebra, el brandy y el zumo de naranja, y agitar bien. Verter a través del filtro en una copa de cóctel y decorar con media rodaja de naranja y una guinda.

Una mañana de domingo especial.

parson's special

cubitos de hielo	Llenar media coctelera con hielo. Echar el
60 ml (2 oz) de zumo de naranja	zumo de naranja, la granadina y la yema
10 ml (¼ oz) de granadina	de huevo, y agitar bien. Verter a través del
1 yema de huevo	filtro en un vaso highball lleno de hielo y
soda	completar con soda. Decorar con una rodaja
rodaja completa de naranja	completa de naranja.

Consejo del barman Una rodaja completa de naranja abarca toda la circunferencia de la naranja. Para que se sujete en el borde del vaso, hacer un corte desde el centro hasta la cáscara.

Las semillas de la fruta de la pasión ofrecen un aspecto fabuloso flotando en la gelatina.

chupito de fruta de la pasión y gelatina de vodka

1 hoja de gelatina
30 ml (1 oz) de almíbar
60 ml (2 oz) de pulpa de fruta de la pasión
80 ml (2¹/₂ oz) de vodka

Remojar la hoja de gelatina en agua fría. Calentar el almíbar y la pulpa de fruta de la pasión. Exprimir el líquido de la gelatina, añadir a la mezcla de fruta de la pasión y remover hasta que se disuelva. Dejar enfriar, añadir el vodka y verter en seis vasos de chupito. Refrigerar durante 3 h. o hasta que cuaje. Se obtienen seis.

Disfruta sorbo a sorbo de esta frescura de melocotón.

té helado de melocotón y menta

1 bolsita de té con aroma a melocotón
8 hojas de menta
cubitos de hielo
30 ml (1 oz) de ron blanco
15 ml (1/2 oz) de licor de melocotón
10 ml (1/4 oz) de almíbar
10 ml (1/4 oz) de zumo de limón

Poner la bolsita de té en 125 ml (1/2 taza) de agua hirviendo. Añadir cuatro hojas de menta y dejar infundir durante 5 min.; desechar la bolsita de té y enfriar el té. Sacar y desechar la menta. Llenar medio vaso highball con cubitos de hielo, echar el té de melocotón y añadir el ron blanco, el licor de melocotón, el almíbar, el zumo de limón y las hojas de menta restantes. Remover bien para combinar.

Una margarita más suave de lo normal.

peach margarita

30 ml (1 oz) de tequila
30 ml (1 oz) de licor de melocotón
15 ml ($\frac{1}{2}$ oz) de zumo de lima
15 ml ($\frac{1}{2}$ oz) de almíbar
1 melocotón pelado, sin hueso y troceado
1 taza de hielo picado
dados de melocotón helados

Poner el tequila, el licor de melocotón, el zumo de lima, el almíbar y el melocotón en una batidora. Batir hasta que esté suave, añadir el hielo y batir hasta que la mezcla tenga la consistencia de hielo cristalino. Verter en una copa de cóctel con costra de sal y decorar con dados de melocotón helados pinchados en un agitador.

Para los sentimentales de corazón.

per f'amour

cubitos de hielo
30 ml (1 oz) de Cointreau
15 ml (1/2 oz) de Parfait Amour
45 ml (11/2 oz) de zumo de lima
un golpe de clara de huevo
cáscara de naranja

Llenar media coctelera con hielo. Echar el Cointreau, el Parfait Amour, el zumo de naranja y la clara de huevo. Agitar bien hasta que haga espuma y luego verter a través del filtro en una copa de martini helada. Decorar con cáscara de naranja.

Una bebida verdaderamente sofisticada que supone un verdadero "golpe".

perfect martini

cubitos de hielo
60 ml (2 oz) de ginebra
15 ml (1/2 oz) de vermut seco
15 ml (1/2 oz) vermut dulce
aceitunas verdes o cáscara de limón

Llenar medio vaso mezclador con hielo.
Echar la ginebra, el vermut seco y el vermut
dulce, y remover. Verter a través del filtro
en una copa de martini helada y decorar con
aceitunas verdes o cáscara de limón.

Un eterno favorito en Wimbledon.
¿Un partidito de tenis?

pimm's

cubitos de hielo	Llenar medio vaso highball con hielo. Echar
45 ml (1½ oz) de Pimm's N° 1	el Pimm's. Completar con la limonada y el
limonada	ginger ale a partes iguales. Decorar con
ginger ale	cáscara de pepino, una rodaja de naranja y
cáscara de pepino	una de limón.
una rodaja de naranja	
una rodaja de limón	

Consejo del barman	El Pimm's N° 1 está destilado a partir
	de ginebra; también puede utilizarse
	Pimm's N° 2 (destilado a partir de brandy).

Refresca las hordas con una ponchera generosa de Pimm's punch.

pimm's punch

80 ml (2¹/₂ oz) de zumo de naranja
cubitos de hielo
400 ml (14 oz) de Pimm's N° 1
400 ml (14 oz) de bourbon
185 ml (6 oz) de vermut dulce
185 ml (6 oz) de ron blanco
290 ml (10 oz) de zumo de naranja
1 botella de champán
fruta fresca troceada

Congelar el zumo de naranja en una bandeja de cubitos. Justo antes de servir, llenar media ponchera con hielo, añadir el Pimm's, el bourbon, el vermut, el ron blanco, el zumo de naranja y el champán. Incorporar la fruta fresca y los cubitos de zumo de naranja helado. Para 10 personas.

Ve nadando al bar de la piscina a por una piña colada y una sombrillita de papel.

piña colada

1 taza de hielo picado
45 ml (1½ oz) de ron blanco
30 ml (1 oz) de crema de coco
30 ml (1 oz) de Malibú
100 ml (3½ oz) de zumo de piña
15 ml (½ oz) de almíbar
hojas de piña

Poner el hielo, el ron, la crema de coco, el Malibú, el zumo de piña y el almíbar en una batidora de vaso. Batir bien hasta que parezca granizado y verter en una copa de cóctel grande o una copa goblet heladas. Decorar con hojas de piña y una sombrillita de papel.

Un trago que puedes comer.

chupito de gelatina de piña colada

1 hoja de gelatina
30 ml (1 oz) de nata
20 ml (1/2 oz) de almíbar
60 ml (2 oz) de zumo de piña
30 ml (1 oz) de ron blanco
30 ml (1 oz) de Malibú

Remojar la hoja de gelatina en agua fría. Calentar la nata junto con el almíbar y el zumo de piña hasta que esté templado. Exprimir el líquido de la gelatina, añadir a la mezcla de nata y remover hasta que se disuelva. Dejar enfriar y luego incorporar el ron blanco y el Malibu. Verter en seis vasos de chupito y decorar con una hoja de piña. Refrigerar durante 3 h. o hasta que cuaje. Se obtienen 6.

Destinado a convertirse en un clásico moderno.

daiquiri de piña, litchi y menta

4 hojas de menta
45 ml (1½ oz) de ron blanco
80 g (½ taza) de piña fresca cortada en dados
4 litchis
15 ml (½ oz) de zumo de piña
15 ml (½ oz) de zumo de lima
15 ml (½ oz) de almíbar
1 taza de hielo picado
hojas de piña

Poner las hojas de menta, el ron blanco, la piña, los litchis, el zumo de piña, el zumo de limón y el almíbar en una batidora de vaso. Añadir el hielo y batir hasta que la mezcla adquiera la consistencia de hielo cristalino. Echar en una copa de cóctel grande helada y decorar con hojas de piña.

Empieza la fiesta con este favorito sudamericano.

pisco sour

cubitos de hielo
45 ml (1/2 oz) de brandy pisco
20 ml (1/2 oz) de zumo de limón
10 ml (1/4 oz) de almíbar
un golpe de Angostura bitters
un poco de clara de huevo

Llenar media coctelera con hielo. Echar el pisco, el zumo de limón, el almíbar, la Angostura y la clara de huevo, y agitar bien. Verter a través del filtro en un vaso de sour o una copa de cóctel.

Consejo del barman

El pisco es un tipo de brandy popular en Chile y Perú. En América del Sur, el pisco sour a veces se espolvorea con canela.

Un suave néctar tropical consumido por los propietarios de las plantaciones de Jamaica. Utiliza ron jamaicano para lograr el sabor auténtico.

planter's punch

cubitos de hielo
500 ml (17 oz) de ron tostado
200 ml (7 oz) de zumo de lima
200 ml (7 oz) de zumo de limón
4 cs de azúcar extrafino
1 ct de Angostura bitters
500 ml (17 oz) de soda
rodajas de fruta fresca (como kiwi y piña)

Llenar un tercio de una ponchera grande con hielo. Echar el ron tostado, el zumo de lima, el zumo de limón, el azúcar y la Angostura. Mezclar y luego completar con soda. Decorar con rodajas de fruta fresca. Para 10 personas.

No te dejes intimidar
por su aspecto:
se trata de una bebida seria.

porto flip

cubitos de hielo
15 ml (1/2 oz) de brandy
45 ml (11/2 oz) de oporto rojo
yema de huevo
nuez moscada recién molida

Llenar media coctelera con hielo. Echar el brandy, el oporto y la yema de huevo, y agitar bien. Verter a través del filtro en una copa de cóctel. Rallar un poco de nuez moscada por encima.

A este cóctel se le atribuyen propiedades reconstituyentes para atenuar la resaca: sólo para los muy valientes.

prairie oyster

10 ml (1/2 oz) de salsa Worcestershire
10 ml (1/2 oz) de salsa de tomate
2 gotas de Tabasco
yema de huevo
una pizca generosa de sal
un poco de pimienta molida

Echar la salsa Worcestershire, la salsa de tomate y el Tabasco en un vaso old fashioned y remover. Añadir la yema de huevo sin romperla. Salpimentar. Tomar de un solo trago.

No hay tiempo para preliminares: ponte tontorrón con un QF.

QF

15 ml (1/2 oz) de Kahlúa
15 ml (1/2 oz) de licor de melón
15 ml (1/2 oz) de crema irlandesa

Echar por capas el Kahlúa, el licor de melón y la crema irlandesa en un vaso de chupito, vertiendo cada líquido sobre el dorso de una cucharita para lograr tres capas bien diferenciadas.

La quintaesencia de las bebidas infantiles ha crecido… un poco.

raspberry champagne spider

sorbete de frambuesa
champán helado

Servir el sorbete de frambuesa en cuencos pequeños con un sacabolas y congelar hasta que se necesite. Poner una o dos bolitas en una copa de champán y completar con el champán.

Consejo del barman

Se puede utilizar sorbete del sabor que se desee o incluso de varios para lograr un efecto multicolor.

Un número con clase y también muy hermoso.

ritz fizz

un golpe de curaçao azul
un golpe de amaretto
un golpe de zumo de limón
champán helado

Echar el curaçao, el amaretto y el zumo de limón en una copa de champán, y completar cuidadosamente con champán.

Consejo del barman

El amaretto es un licor con sabor a almendras. También se podría utilizar crème de cassis (un licor con sabor a grosella) o Cointreau (con sabor a naranja).

Lánzate a la batalla
con el valor de un Rob Roy
por debajo de tu kilt.

rob roy

cubitos de hielo
60 ml (2 oz) de whisky escocés
30 ml (1 oz) de vermut rojo
un golpe de Angostura bitters
una guinda al marrasquino

Llenar media coctelera con hielo. Echar el whisky, el vermut y la Angostura, y agitar bien. Verter a través del filtro en una copa de cóctel helada. Decorar con una guinda.

ron

El encanto del Caribe, el ron es un licor destilado a partir de zumo de azúcar de caña fermentado o melaza. Hay muchos tipos de ron, cada uno con características distintas, desde líquidos sin olor y levemente aromáticos a otros oscuros y de sabor profundo. El color depende de cómo y en qué barrica envejeció el ron. Las barricas de roble imparten un color marrón cálido mientras que los tanques de acero inoxidable no dan color al ron.

Dos de los licores más elegantes de Escocia se combinan en esta bebida sorprendentemente suave.

rusty nail

cubitos de hielo
45 ml (1^1/$_2$ oz) de whisky escocés
45 ml (1^1/$_2$ oz) de Drambuie
cáscara de limón

Llenar medio vaso old fashioned o tumbler con hielo. Echar el whisky y entonces el Drambuie. Decorar con un trozo de limón.

Consejo del barman

Nuestra receta emplea cantidades iguales de whisky escocés y Drambuie. Tal vez prefieras aumentar el whisky en media medida para un lingotazo más fuerte.

La mística oriental abraza la tradición occidental en una versión del martini.

saketini

cubitos de hielo
30 ml (1 oz) de sake
60 ml (2 oz) de vodka
un golpe de vermut seco
cáscara de pepino

Llenar medio vaso mezclador con hielo. Echar el sake, el vodka y el vermut seco. Remover y verter a través del filtro en una copa de cóctel helada. Decorar con un trozo de cáscara de pepino.

¿Te apetece una bebida con empaque? Aquí tienes un Salty dog.

salty dog

cubitos de hielo	Llenar con hielo un vaso old fashioned con
45 ml (1½ oz) de vodka	costra de sal. Echar el vodka y completar con
zumo de pomelo	zumo de pomelo. Decorar con una cáscara de
cáscara de limón	limón.
Consejo del barman	Para hacer un salty dog rojo, utiliza zumo de
	pomelo rosado.

La versión española del ponche… que entra sola.

sangría

20 ml (1/2 oz) de zumo de limón
20 ml (1/2 oz) de zumo de naranja
1 1/2 cs de azúcar extrafino
1 botella de vino tinto
570 ml (20 oz) de limonada
45 ml (1 1/2 oz) de ginebra
45 ml (1 1/2 oz) de vodka
círculos de limón
círculos de naranja
círculos de lima
hielo

Echar el zumo de limón, el zumo de naranja y el azúcar en una jarra o recipiente grande y remover hasta que se disuelva el azúcar. Añadir el vino tinto, la limonada, la ginebra y el vodka. Agregar la fruta y bastante hielo para llenar la jarra, remover y servir.
Para 10 personas.

Date una vuelta por el lado salvaje.

screaming lizard

20 ml (1/2 oz) de chartreuse verde 20 ml (1/2 oz) de tequila	Echar el chartreuse en un vaso de chupito. Verter cuidadosamente el tequila sobre el dorso de una cuchara para crear dos capas distintas.
Consejo del barman	Para aquéllos a los que les gustan las bebidas servidas frías, agitar el chartreuse y el tequila en una coctelera con hielo y verter a través del filtro en un vaso de chupito.

¡Sí! ¡Sí! ¡Sí!

screaming orgasm

cubitos de hielo
30 ml (1 oz) de Galliano
30 ml (1 oz) de crema irlandesa
15 ml (1/2 oz) de Cointreau
15 ml (1/2 oz) de Kahlúa
30 ml (1 oz) de nata
una fresa

Llenar media coctelera con hielo. Echar el Galliano, la crema irlandesa, el Cointreau, el Kahlúa y la nata, y agitar bien. Verter a través del filtro en una copa de martini. Decorar con una fresa.

¿Removiendo el cóctel con un destornillador? Eso es exactamente lo que hicieron algunos trabajadores de los pozos petrolíferos…, de ahí su nombre.

screwdriver

cubitos de hielo
45 ml (1¹/₂ oz) de vodka
zumo de naranja
cáscara de naranja
una guinda al marrasquino

Llenar medio vaso highball con hielo. Echar el vodka y completar con zumo de naranja. Decorar con una cáscara de naranja y una guinda. Servir con una pajita.

Una cura ultrarrefrescante para el estrés, la melancolía o los malos pelos.

seabreeze

cubitos de hielo	Llenar media coctelera con hielo. Echar el
60 ml (2 oz) de vodka	vodka, el zumo de arándanos, el zumo de
60 ml (2 oz) de zumo de arándanos amargos	pomelo y el zumo de lima. Agitar bien y
60 ml (2 oz) de zumo de pomelo rosado	verter a través del filtro en un vaso highball
15 m (1/2 oz) de zumo de lima	medio lleno con hielo. Decorar con una
cáscara de lima	cáscara de lima.

El arte de la seducción merece una cuchara.

seduction

15 ml (1/2 oz) de Kahlúa
15 ml (1/2 oz) de licor de melón
15 ml (1/2 oz) de crema irlandesa

Echar el Kahlúa en un vaso de chupito. Verter cuidadosamente el licor de melón y luego la crema irlandesa sobre el dorso de una cuchara para obtener tres capas distintas.

Aún mejor que la realidad: no hay que pelearse con la fastidiosa arena.

sex on the beach

cubitos de hielo
45 ml (1¹/2 oz) de vodka
30 ml (1 oz) de licor de melocotón
45 ml (1¹/2 oz) de zumo de piña
45 ml (1¹/2 oz) de zumo de arándanos
amargos
hielo picado

Llenar media coctelera con hielo. Echar el vodka, el licor de melocotón, el zumo de piña y el zumo de arándanos amargos, y agitar bien. Verter a través del filtro en una copa de cóctel alta medio llena de hielo picado.

cócteles para agitar

Para agitar un cóctel, llenar media coctelera con hielo, echar los ingredientes, cerrar la tapa, agitar enérgicamente y luego verter a través del filtro en una copa. Diez segundos bastan para la mayoría de las bebidas, pero en el caso de combinados que contengan ingredientes espesos como almíbares y cremas, debería duplicarse el tiempo de agitado.

Una bebida limpia
como la patena.

shampoo

30 ml (1 oz) de ginebra
15 ml (1/2 oz) de zumo de limón
un golpe de Pernod
un golpe de curaçao azul
champán helado
cáscara de limón

Echar la ginebra, el zumo de limón, el Pernod
y el curaçao en una copa de champán.
Completar con el champán. Decorar con
cáscara de limón.

Consejo del barman

El Pernod es una marca de licor francés
aromatizado con regaliz y anís.

Un cóctel precoz para los abstemios.

shirley temple

cubitos de hielo
un buen golpe de granadina
ginger ale
guindas al marrasquino

Llenar un tercio de un vaso highball con hielo. Echar la granadina y el ginger ale. Decorar con guindas y servir con una pajita y un agitador.

Una fantástica combinación de sabores dulce y agrio: dos partes fuertes, una parte dulce y una parte agria.

sidecar

cubitos de hielo 30 ml (1 oz) de coñac 15 ml (1/2 oz) de Cointreau 15 ml (1/2 oz) de zumo de limón	Llenar media coctelera con hielo. Echar el coñac, el Cointreau y el zumo de limón, y agitar bien. Verter a través del filtro en una copa de cóctel.
Consejo del barman	El sidecar a veces se prepara con brandy en lugar de coñac.

Destilado a partir del beso
de una rubia platino, la curva
de un reloj de arena
y el sonido de Frank Sinatra.

silk stocking

cubitos de hielo
30 ml (1 oz) de licor de butterscotch
15 ml (1/2 oz) de advocaat
15 ml (1/2 oz) de crema de cacao blanca
30 ml (1 oz) de nata
virutas de chocolate blanco

Llenar media coctelera con hielo. Echar el
licor de butterscotch, el advocaat, la crema de
cacao y la nata. Agitar bien y verter a través
del filtro en una copa de martini helada.
Decorar con virutas de chocolate blanco.

No es una bala de plata pero es frío y resbaladizo. Solamente las burbujas suavizan los bordes.

silver fizz

cubitos de hielo
45 ml (1½ oz) de ginebra
30 ml (1 oz) de zumo de limón
1 ct de azúcar extrafino
media clara de huevo
soda
un gajo de limón

Llenar media coctelera con hielo. Echar la ginebra, el zumo de limón, el azúcar y la clara de huevo, y agitar hasta que se forme espuma. Verter a través del filtro en un vaso highball, medio lleno de hielo, y luego completar con soda. Decorar con un gajo de limón pequeño.

Inventado en el hotel Raffles de Singapur en 1915, el Singapore sling continúa evocando los días de descanso tropical.

singapore sling

cubitos de hielo
30 ml (1 oz) de ginebra
10 ml (1/4 oz) de brandy de cereza
15 ml (1/2 oz) de zumo de limón
soda
una guinda al marrasquino

Llenar media coctelera con hielo. Echar la ginebra, el brandy de cereza y el zumo de limón, y agitar bien. Verter a través del filtro en un vaso highball y completar con soda. Decorar con una guinda y una sombrillita de papel.

El cóctel tántrico: tómalo con mucha calma.

slow comfortable screw

cubitos de hielo
30 ml (1 oz) de vodka
15 ml (1/2 oz) de ginebra
15 ml (1/2 oz) de Southern Comfort
zumo de naranja
cáscara de naranja

Llenar tres cuartos de vaso highball con hielo. Echar el vodka, la ginebra y el Southern Comfort. Remover y completar con zumo de naranja. Decorar con un trocito de cáscara de naranja.

Algunas bebidas pueden disfrutarse todo el año, pero ésta no es una de ellas. Es el verano en un vaso.

splice

hielo picado
30 ml (1 oz) de licor de melón
30 ml (1 oz) de Cointreau
15 ml (½ oz) de Malibú
100 ml (3½ oz) de zumo de piña
60 ml (2 oz) de nata
una cuña de piña
una bolita de melón

Poner el hielo, el licor de melón, el Cointreau, el Malibú, el zumo de piña y la nata en una batidora de vaso, y batir bien. Verter en una copa goblet grande. Decorar con una cuña de piña y una bolita de melón, y servir con una pajita.

sours

La fórmula para el sour se compone de tres sabores: limón o zumo de limón, endulzante y licor. No hay ninguna regla que indique la proporción de dulce o agrio, pero el sabor agrio debería dominar. Tradicionalmente, los sours se preparaban en coctelera, pero los tiempos han cambiado y ahora se suelen preparar en una batidora de vaso. Se sirven en su propia copa, la copa de sour, que es parecida a la copa de champán, pero tiene el tallo más corto. También pueden servirse on the rocks en un vaso old fashioned.

Placer y dolor.

stinger

hielo picado o cubos de hielo
45 ml (1 1/2 oz) de brandy
20 ml (1/2 oz) de crema de menta blanca

Llenar medio vaso highball pequeño o un vaso old fashioned con hielo. Echar el brandy y la crema de menta, y remover bien.

No, no es la hora del té… Aún mejor, ¡es la hora del cóctel!

strawberries and cream

15 ml (1/2 oz) de licor de fresa
30 ml (1 oz) de Tía María
30 ml (1 oz) de crema irlandesa
30 ml (1 oz) de nata
3 fresas frescas maduras
1 taza de hielo picado
fresas

Echar el licor de fresa, el Tía María, la crema irlandesa y la nata en una batidora de vaso, y añadir las fresas. Batir hasta que esté suave, añadir el hielo y batir hasta obtener una especie de granizado. Verter en una copa de cóctel con costra de azúcar y decorar con fresas ensartadas en un removedor.

cócteles para remover

Algunos cócteles se volverían turbios si se agitaran, así que, para mantenerlos limpios y cristalinos, se remueven en un vaso mezclador o jarra. Resulta más fácil hacerlo en la jarra por su tamaño; si utilizas el vaso, ¡ten cuidado con las salpicaduras! Pon unos seis cubitos de hielo en una jarra o vaso mezclador y remueve con una cucharilla larga. Verter el líquido dejando atrás el hielo.

Es difícil pasar junto a un strawberry daiquiri en pleno verano.

strawberry daiquiri

45 ml (1½ oz) de ron blanco	Poner el ron, el licor de fresa, el zumo de
15 ml (½ oz) de licor de fresa	lima, las fresas y el hielo en una batidora de
15 ml (½ oz) de zumo de lima	vaso. Batir hasta mezclar bien. Verter en una
6 fresas	copa goblet grande. Servir con una pajita
1 taza de hielo picado	corta.
Consejo del barman	Cuando vayas a recibir muchos invitados,
	preparar grandes cantidades de la mezcla
	de daiquiri y congelar hasta 1 h. antes de su
	llegada.

Una bebida que lleva la fresa un paso adelante.

strawberry flapper

4 fresas sin tallo
4 cubitos de hielo
15 ml (1/2 oz) de licor de fresa
champán helado

Poner las fresas, los cubitos de hielo y el licor de fresa en una batidora de vaso, y batir hasta que esté suave. Llenar media copa de champán con la mezcla de fresa y completar cuidadosamente con el champán.

Los chupitos de gelatina tal vez no encajen estrictamente en la tradición, pero dan un toque original a cualquier fiesta estival.

strawberry jelly shot

1 hoja de gelatina
20 ml (1/2 oz) de zumo de limón
80 ml (2 1/2 oz) de licor de fresa
3 fresas

Remojar la gelatina en agua fría. Calentar el zumo de limón y 30 ml (1 oz) de agua. Exprimir el líquido de la gelatina, añadir a la mezcla de limón y remover hasta que se disuelva. Dejar enfriar y añadir el licor de fresa. Poner media fresa en seis vasos de chupito y verter el preparado de fresa. Refrigerar durante 3 h. o hasta que cuaje. Para 6 personas.

En lugar de la típica costra de sal, prueba una combinación de sal y azúcar: una parte de azúcar por dos de sal.

strawberry margarita

hielo picado
30 ml (1 oz) de tequila
30 ml (1 oz) de licor de fresa
15 ml ($1/2$ oz) de Cointreau
30 ml (1 oz) de cordial de zumo de lima
30 ml (1 oz) de zumo de limón
media fresa
una rodaja de limón

Poner el hielo, el tequila, el licor de fresa, el Cointreau, el cordial de zumo de lima y el zumo de limón en una batidora de vaso, y batir bien. Verter en una copa de cóctel con costra de sal. Decorar con media fresa y una rodaja de limón.

Consejo del barman

Utiliza siempre cordial de zumo de lima de calidad.

Existen dos versiones de esta bebida: una con champán y ésta refrescante que emplea zumo de sandía.

suzy wong

cubitos de hielo	Llenar un vaso mezclador con hielo. Verter el
45 ml (1¹/2 oz) de vodka con sabor a limón	vodka, el zumo de lima, el almíbar y el zumo
1 ct de zumo de lima	de sandía. Remover y verter a través del filtro
1 ct de almíbar	en una copa de martini helada. Decorar con
45 ml (1¹/2 oz) de zumo de sandía	cáscara de lima.
cáscara de lima	

Consejo del barman — El zumo de sandía no se conserva: hay que prepararlo justo antes de preparar el cóctel.

Aunque para algunos el martini más seco es una obsesión, para otros un martini dulce es una auténtica belleza.

sweet martini

cubitos de hielo
45 ml (1¹/₂ oz) de ginebra
10 ml (¹/₄ oz) de vermut rojo
una aceituna

Llenar dos tercios de un vaso mezclador con hielo. Echar la ginebra y el vermut. Verter a través del filtro en una copa de martini helada. Decorar con una aceituna.

tequila

El tequila es un licor destilado a partir de la planta agave. Los orígenes del tequila se deben a la fusión de la antigua cultura azteca y al conocimiento de las técnicas de destilación de los colonos españoles. Hoy en día el tequila se considera el licor de México y está regulado por leyes estrictas que protegen su buen nombre.

El espíritu mágico de México,
con un toque de dulzor
para ayudar a que pase.

tequila slammer

30 ml (1 oz) de tequila
15 ml (¹/₂ oz) de ginger ale o limonada

Verter el tequila en un vaso de chupito y añadir el ginger ale o la limonada.

El resplandor del amanecer
de esta bebida se crea dejando
que la granadina se asiente
en el fondo del vaso.

tequila sunrise

cubitos de hielo	Llenar medio vaso highball con hielo.
30 ml (1 oz) de tequila	Echar el tequila y completar con zumo de
zumo de naranja	naranja. Añadir la granadina vertiéndola
1 ct de granadina	cuidadosamente en el dorso de una cuchara.
cáscara de naranja	Decorar con cáscara de naranja.

Para conservar la plateada perfección de un marini, utiliza siempre tequila blanco.

tequini

cubitos de hielo	Llenar medio vaso mezclador con hielo. Echar
45 ml (1¹/₂ oz) de tequila blanco	el tequila y el vermut. Remover y luego verter
15 ml (¹/₂ oz) de vermut seco	a través del filtro en una copa de martini
cáscara de limón	helada. Decorar con cáscara de limón.
Consejo del barman	Algunas versiones de esta bebida añaden un
	golpe de Angostura y frotan el borde del vaso
	con cáscara de limón.

Un combinado nada insulso.

test-tube baby

15 ml (1/2 oz) de amaretto	Echar el amaretto en un vaso de chupito.
15 ml (1/2 oz) de tequila	Verter el tequila sobre el dorso de una
2 gotas de crema irlandesa	cuchara para hacer capas. Añadir la crema
	irlandesa.
Consejo del barman	Algunos bares sirven este cóctel en una
	probeta. Si te atrae la idea, utiliza probetas
	nuevas.

Una de las bebidas más cremosas y untuosas que, sin embargo, consigue no empalagar.

toblerone

1 cs de miel
15 ml (1/2 oz) de chocolate líquido
una pizca de avellanas picadas
cubitos de hielo
30 ml (1 oz) de Frangelico
15 ml (1/2 oz) de crema irlandesa
15 ml (1/2 oz) de Tía María
15 ml (1/2 oz) de licor de chocolate cremoso
60 ml (2 oz) de nata
virutas de chocolate

Manchar los lados de una copa de martini helada con la miel y 1 ct de chocolate líquido, y espolvorear con avellanas picadas. Refrigerar. Llenar media coctelera con hielo. Echar el Frangelico, la crema irlandesa, el Tía María, el licor de chocolate y la nata, agitar bien y verter a través del filtro en la copa de martini preparada anteriormente. Decorar con virutas de chocolate.

Una bebida tan buena que merece su propio vaso.

tom collins

cubitos de hielo
30 ml (1/2 oz) de zumo de limón
15 ml (1/2 oz) de almíbar
soda
una guinda al marrasquino

Llenar medio vaso collins o highball con hielo. Echar la ginebra, el zumo de limón y el almíbar. Remover bien y completar con soda. Decorar con una guinda.

Rojo, amarillo y...

traffic lights

15 ml (1/2 oz) de licor de plátano
15 ml (1/2 oz) de licor de fresa
15 ml (1/2 oz) de licor de melón

Echar el licor de plátano en un vaso de chupito. Verter lentamente el licor de fresa sobre el dorso de una cuchara. Repetir con el licor de melón para formar tres capas distintas.

En el panorama de los cócteles sin alcohol, éste tiene auténtico caché.

virgin mary

2 ct de sal de ajo
1 ct de pimienta negra
cubitos de hielo
125 ml (4 oz) de zumo de tomate
15 ml (1/2 oz) de zumo de limón
1 ct de salsa Worcestershire
un golpe de salsa Tabasco
un tallo de apio

Encostrar el borde de una copa goblet grande con una mezcla de sal de apio y pimienta. Llenar media coctelera con hielo. Echar el zumo de tomate, el zumo de limón, la salsa Worcestershire y el Tabasco, y agitar bien. Verter a través de un filtro en la copa goblet y decorar con un tallo de apio.

vodka

El vodka se obtiene fermentando y luego destilando los azúcares simples de una masa de cereal pálido o materia vegetal. El centeno y el trigo son los cereales clásicos utilizados en su elaboración. Debido a su sabor neutro, el vodka a veces se aromatiza con frutas, hierbas o especias: el vodka al limón y a la pimienta son muy populares. A diferencia de otros licores, como el whisky o la ginebra, el vodka no se deja envejecer demasiado.

James Bond estaba equivocado: debería removerse, no agitarse.

vodkatini

cubitos de hielo	Llenar medio vaso mezclador con hielo.
80 ml (2¹/₂) de vodka	Echar el vodka y el vermut, y remover. Filtrar
15 ml (¹/₂ oz) de vermut seco	a través del filtro en una copa de martini
cáscara de limón	helada y decorar con cáscara de limón.

Relájate con un refrescante cóctel de sandía.

watermelon cocktail

cubitos de hielo	Llenar medio vaso mezclador con hielo.
1 ct de zumo de lima	Echar el zumo de lima, la ginebra y el licor
30 ml (1 oz) de ginebra	de sandía. Completar con zumo de sandía,
15 ml (1/2 oz) de licor de sandía	remover y decorar con una rodaja de lima.
zumo de sandía	
una rodaja de lima	

Consejo del barman   Para hacer zumo de sandía, utilizar un exprimidor o retirar la cáscara y las pepitas y procesar la pulpa en un robot de cocina. Colar antes de usar.

239

La interacción de sabores agrios, dulces y fuertes canta en la boca.

whisky sour

cubitos de hielo
45 ml (1 1/2 oz) de whisky escocés
30 ml (1 oz) de zumo de limón
15 ml (1/2 oz) de almíbar
una rodaja de limón
una guinda al marrasquino

Llenar media coctelera con hielo. Echar el whisky, el zumo de limón y el almíbar, y agitar bien. Verter a través del filtro en un vaso sour o una copa de vino pequeña. Decorar con una rodaja de limón y una guinda.

Consejo de última moda: este elegante aperitivo resulta realmente sorprendente contra un fondo negro.

white lady

cubitos de hielo
30 ml (1 oz) de ginebra
15 ml (1/2 oz) de Cointreau
15 ml (1/2 oz) de zumo de limón
un golpe de clara de huevo (opcional)

Llenar media coctelera con hielo. Echar la ginebra, el Cointreau, el zumo de limón y la clara de huevo, y agitar bien. Verter a través del filtro en una copa de cóctel.

whisky

Los cuatro mayores productores de este licor obtenido del cereal son Escocia, Irlanda, Estados Unidos y Canadá. Con tantos lugares de producción, se han desarrollado distintos tipos de whisky. Los principales son: escocés (blended o de malta), irlandés, canadiense, americano (bourbon, rye y Tennessee) y japonés. El whisky se envejece (con frecuencia durante largos períodos) en barricas. Es este proceso de envejecido el que suaviza el sabor y le aporta su toque aromático.

Resulta difícil imaginarse a los rusos mezclando su queridísimo vodka con nata, pero para el resto de nosotros esta bebida cremosa es una auténtica delicia.

white russian

cubitos de hielo	Llenar medio vaso old fashioned con hielo.
45 ml (1½) de vodka	Echar el vodka, el Kahlúa y servir la nata
30 ml (1 oz) de Kahlúa	cuidadosamente sobre el dorso de una
20 ml (½ oz) de nata	cuchara para hacerla flotar por encima.

La acidez de los arándanos amargos domada por la suavidad del melocotón.

WOO WOO

cubitos de hielo
una rodaja de lima
60 ml (2 oz) de vodka
15 ml (1/2 oz) de licor de melocotón
zumo de arándanos amargos

Llenar media coctelera con hielo. Exprimir la rodaja de lima en la coctelera y añadir el vodka y el licor de melocotón. Agitar y verter a través del filtro en un vaso old fashioned medio lleno con hielo. Añadir la rodaja de lima exprimida al vaso y completar con zumo de arándanos amargos.

Cuando domines ABC, pasa a XYZ.

xyz

cubitos de hielo
30 ml (1 oz) de ron tostado
15 ml (¹/₂ oz) de Cointreau
15 ml (¹/₂ oz) de zumo de limón
una guinda al marrasquino

Llenar media coctelera con hielo. Echar el ron, el Cointreau y el zumo de limón, y agitar bien. Verter a través del filtro en una copa de martini o cóctel y decorar con una guinda.

¡Cuidado! Esta bebida es potente y podría levantar a un muerto.

zombie

cubitos de hielo
30 ml (1 oz) de ron blanco
30 ml (1 oz) de ron tostado
30 ml (1 oz) de ron overproof
15 ml (1/2 oz) de licor de albaricoque
15 ml (1/2 oz) de brandy de cereza
60 ml (2 oz) de zumo de naranja
15 ml (1/2 oz) de zumo de lima
fruta fresca

Llenar media coctelera con hielo. Echar el ron blanco, el ron tostado, el ron overproof, el brandy de albaricoque, el brandy de cereza, el zumo de naranja y el zumo de lima, y agitar bien. Llenar medio vaso highball con hielo y luego verter a través del filtro en el vaso. Decorar con fruta fresca y servir con una pajita.

buscabebidas

El buscabebidas está organizado de tal manera que puedes encontrar una bebida buscando por el licor base, o licor más dominante en una bebida. Si una bebida tiene cantidades iguales de varios licores aparecerá en cada licor. Hemos incluido únicamente los principales licores en este listado: brandy, cachaza, Campari, ginebra, ron, tequila, vodka y whisky.

Si tienes en mente una ocasión concreta, busca en las categorías de bebidas. Por ejemplo, si deseas una bebida para antes de comer, ve directo a los aperitivos. O, si quieres algo para tomar antes de ir a la cama, busca en digestivos. Las principales categorías de bebidas que hemos incluido son: aperitivos, cócteles de champán y vino, colada, collin, daiquiri, digestivos, eggnosg/flip, fizz, highball, chupitos, julep, margarita, martini (y variantes), mocktail, pick-me-ups, punch, shooter y sour. Así pues, muchos cócteles aparecen en dos o más categorías.

whisky drinks